足球训练基本方法

刘夫力　著

北京体育大学出版社

策划编辑：赵海宁　史仲华
责任编辑：赵海宁
责任校对：韩培付
版式设计：杨　俊

图书在版编目（CIP）数据

足球训练基本方法 / 刘夫力著. 北京：北京体
育大学出版社, 2022.1（2022.4重印）
　ISBN 9787564435981

　Ⅰ.①足… Ⅱ.①刘… Ⅲ.①足球运动—运动训练
Ⅳ.①G843.2

　中国版本图书馆CIP数据核字(2022)第008554号

足球训练基本方法
ZUQIU XUNLIAN JIBEN FANGFA

刘夫力 著

出版发行：北京体育大学出版社
地　　址：北京市海淀区农大南路1号院2号楼2层办公B212
邮　　编：100084
网　　址：http∶//cbs.bsu.edu.cn
发 行 部：01062989320
邮 购 部：北京体育大学出版社读者服务部 01062989432
印　　刷：北京昌联印刷有限公司
开　　本：710 mm × 1000 mm　　1/16
成品尺寸：170 mm × 228 mm
印　　张：12
字　　数：181千字
版　　次：2022年1月第1版
印　　次：2022年4月第2次印刷
定　　价：68.00元

前　言

　　国际上有关足球训练方法的探索从未停止，新的训练模式也在不断涌现。当前，足球训练方法的范畴拓展了、内容细化了，但在国内，训练方法的探索更多还是局限在简单的"过程操作"层面，对训练方法问题的研究格局仍显狭小。

　　人们对足球训练方法的认识早已冲破了传统的思维。国际上有很多宏观、微观足球训练方法设计的成功案例：德国的"足球天才培养计划"及其"青少年训练模式"是典型的国家级"足球系统工程"；日本的"足球百年构想"及其"青少年训练大纲"不仅蓝图宏伟，而且把训练取材、训练内容编排和训练方法运用等制成统一的模式，甚至细致到每次训练课主题的确定、训练课教案的准备、训练目标的制订、训练要点的把控和训练指导的应用等。实际上，无论是传统足球强国德国、法国、西班牙、英国、荷兰和意大利，还是后发崛起的日本、墨西哥和冰岛，都在开展这些宏观和微观的训练方法研究时追求精益求精。

　　系统论本身是关于方法论的著述，系统工程其实就是系统方法的一种模式。在探讨足球训练方法问题时，我们既要打开眼界，也要学会使用方法论的武器。从足球训练方法的概念推演其包含的内容，宏观层面的规划与管理，以及微观层面的操行与控制，无一不在足球训练方法的研究范畴。因此，我们的理论探索要打破传统思维的格局，更积极地按照国际先进理念的要求来构建自己的训练方法体系。

　　本著《足球训练基本方法》共分为八章：前三章包括"足球训练基本模

式""足球训练取材"和"足球训练内容构成",探讨了足球训练整体战略构思的问题,是有关足球训练宏观控制的原理与方法;第四章是"足球训练方法演绎",专门介绍了足球训练方法如何实现由一般到具体的推演;第五章是"足球训练计划与进度",探讨了足球训练由整体设计到具体操作过渡的问题;最后三章包括"足球训练主题与要点""足球训练指导与要求"和"训练课教案设计与实施",是解决具体训练操作的设计与把控问题。与传统的相关著述不同,本著的内容是从国家需要的大局出发,在宏观层面上探讨对足球训练整体过程的设计与控制问题。

本著在认识上追求与世界先进足球理念的统一,经过了对足球本质及一系列基本概念的深入探讨,内容阐述融合了国际前沿的技术信息和先进理念,努力将所构建的训练方法体系与我国的足球发展和现实训练需要相统一。希望本著可以帮助更多人改变足球思维,提升对足球训练过程的控制力。

刘夫力

2020年2月8日

目录
Contents

第一章
足球训练基本模式

足球训练基本模式是本章的首章内容，首先要清楚什么是足球训练基本方法。我国的《运动训练学》教材所阐述的训练方法是指教练员为了达到训练目标所完成的各项训练内容的操作流程，是为了提高运动成绩所采用的途径、方式和办法的统称[1]。这里可以通过逻辑推导和专家调查概括足球训练基本方法的概念是：足球教练员为了达到训练目标所完成的各项训练内容的基本操作流程，是为了提高比赛成绩所采用的基本路径和办法的统称。

基本方法是足球训练方法体系中基础和架构的部分，借此可以铺垫性地对足球训练基本模式加以描述，它是对足球训练所做的宏观构思与设计的问题，是从大局和战略角度对足球训练整个过程所做的设想和规划，是在形成一系列基本概念和基本理念的基础上而确立的整体训练蓝图。

"足球训练基本方法"探讨有着宽泛的范畴，本著只探讨足球训练基本模式、足球训练取材、足球训练内容构成、足球训练方法演绎、足球训练计划与进度、足球训练主题与要点、足球训练指导与要求及训练课教案设计与实施等内容。把"足球训练基本模式"作为开篇，是希望首先帮助大家建立先进的足球训练整体设计的理念，展示宏观的关于足球训练的构思方法。

[1] 全国体育院校教材委员会.运动训练学[M].北京：人民体育出版社，2000：92.

1

第一节 足球训练基本模式及其结构

足球训练基本模式及其结构包括两个问题，是要在对足球训练基本模式的概念解读的基础上，再探讨足球训练基本模式的组成结构问题，以形成对足球训练基本模式从内在到外部的整体认知。所探讨的两个主题，其一是足球训练基本模式概念及其解读，是把概念结合一些训练模式实例加以解读和把握；其二是足球训练基本模式的结构，是借用足球训练由训练和比赛两大要素构成的原理，设计一种双元构成的足球训练基本模式。

一、足球训练基本模式概念与解读

足球训练基本模式概念及其解读是首先解决对概念的认识，是通过核心和外围解读相结合的方法建立正确的概念。问题探讨包括三个部分，即足球训练基本模式概念及其要义、足球训练基本模式解读及足球训练基本模式的共性与差异。

（一）足球训练基本模式概念及其要义

足球训练模式是指广大教练员已经习惯使用和易于运用在足球训练过程的被普遍认可并经过训练实践证明是成功和有效的训练方式方法。作为成功的足球训练整体设计的案例，无论是德国的足球天才培养计划，还是日本的青训大纲，无论是阿贾克斯俱乐部的青训规划，还是巴塞罗那马拉卡纳的青训大纲，都是反映足球本质和符合足球规律的足球训练模式。依据以上足球训练模式的定义及其案例列举，本著经过逻辑推导和专家调查对足球训练基本模式定义如下：足球训练基本模式是关于足球训练整体构思的命题，是经过长期训练实践探索与科学研究而建立的反映足球本质及符合足球规律的足球训练基本架构的设计。依据足球训练是由训练和比赛两大要素构成的观点，足球训练基本模式也是由训练基本模式和比赛基本模式二元构成的。因为足球训练基本模式是训练宏观构思与方略的高端问题，所以一定要以足球训练基本概念与基本理念的认识为基础，其基本模式的建立是为了更好地从战略层面把握足球训练的方向和整体运行。足球训练模式有着宽泛而广阔的范畴，著者在《足球训练基本理念》的"足球训练基本概念"一章对足球训练模式做了解读，就是足球训练的方方面面都有训练模式的问题。反过来说，所有的足球训练活动都是借助于一定的训练模式进行的，足球训练基本模式是大格局地勾画足球训练的设计蓝图，其要义是能够使我们按照足球本质及其基本规律，宏观、全面、整体地认识与把控足球训练的过程，是很多具体训练模式与方法实施的必要前提。

（二）足球训练基本模式解读

欧洲是世界范围足球最发达的地区，很多被国际上公认的成功训练模式都是出自欧洲的国家。从足球训练模式成功的案例来看，大体可以分为两种类型：一种是国家足协统一领导及设计与实施的足球训练模式，典型模式包括德国足协"青少年足球天才培养模式"和法国国家足球学院"特莱方丹青训模式"等；另一种是由一个国家的地方俱乐部发端和主导并走向成功的训练模式，其典型模式包括西班牙巴塞罗那俱乐部的"马拉卡纳青训营模式"、荷兰阿贾克斯俱乐部的"阿贾克斯青训模式"等。实际上所有志在图强的国家足协及地方俱乐部，始终都在积极探索足球训练的最优模式[1]。从国家足协层面上说，包括欧洲的比利时、瑞典、瑞士、冰岛，亚洲的日本和北美洲的墨西哥等国家，都在国家足协领导和推动下取得了足球训练模式探索的重要突破。以上提及的国家或俱乐部的训练模式都是对足球训练整个过程的统筹设计，是经过反复的实践、理论探索和再实践的不断认识飞跃的过程，都可以称作一种成功的足球训练基本模式。这些训练模式都可以作为我们学习和借鉴的案例，但我国明显地对足球训练基本模式探索缺乏重视。其实包括德国和日本足协及阿贾克斯和巴塞罗那俱乐部制定的统一训练大纲，都是一个完整的足球训练基本模式的构成。我国统一训练大纲的制定，往往缺乏深入的理论研究和结合训练实

---

[1] 刘夫力.我国校园足球理论体系构建与发展模式归类的研究[Z].国家体育总局体育社会科学研究项目，2017：32.

践的探索，反反复复制定的青少年足球训练大纲都是空中楼阁和有名无实。

（三）足球训练基本模式的共性与差异

人们在探索足球训练规律与原理的过程中已经形成了很多的共识，足球后发国家的足球训练基本模式设计都是综合足球发达国家的成功经验和理论成果，是在追求与国际先进足球理念达成统一。在足球训练基本模式问题上，我们必须学习和借鉴足球发达国家的思想方法与经验，特别要深刻理解各种成功训练模式的精髓和要点。很多成功案例表面上看并不复杂，大家也很容易通过资料和训练视频看到他们精彩的演绎，但往往忽视成功模式背后的思想内涵和细节。足球训练基本模式有很多共性的构成，例如：成功的训练模式一定是一个"金字塔工程"，必须有大面积的普及做铺垫，要有工程的重点和关键环节，要经过层层的培训与筛选过程。再如：成功的训练模式一定是一个长期、系统和连续的过程，是周而复始和循序渐进的训练体系，训练过程需要有顶级专家的领航和大批优秀教练的深度参与和担当。又如：成功的训练模式构成一定包括训练和比赛两个部分，训练是把比赛作为核心和目标，是把比赛作为训练的延续及其必要内容等[1]。我们的对外交流、理论探索及组织各级教练员培训等，其重要目的是推广先进足球理念及形成更多的共识，这些也是足球训练基本模式的认识基础。

当然，每一个国家或俱乐部，以至每一个教练员的训练模式都不尽相同，这是我们足球训练基本模式探讨要明确的问题。比如：德国人说比赛是训练的导师，比赛决定训练的内容、形式和负荷；而荷兰人说学习踢球好比学习驾驶汽车，必须在真实的道路上完成。两种提法在思想根本点上是一致的，但在具体的训练设计及操作的方式方法上肯定是不同的。就像德国队与西班牙队、荷兰队与意大利队、巴西队与阿根廷队的战术打法与风格是不同的，其原因不仅是各个国家有着不同的足球传统、民族气质、身体特点和足球理念等，还有很

[1] 范林根.足球训练[M].杨一民，李飞宇，李连胜，译.北京：人民体育出版社，2002：30-32.

大一部分原因是他们在足球训练基本模式的设计上存在差异。所以我们需要在了解诸多训练模式共性特点的基础上，深入研究不同国家足球训练的个性和差异问题。本著探讨足球训练基本模式，是在剖析和解读诸多足球发达国家及其俱乐部成功训练模式的基础上，汲取各种训练模式的优点和精华，再结合我国的具体实际而建立一套我们自主创新和符合先进理念的足球训练基本模式。

二、足球训练基本模式的结构

足球训练基本模式结构的探讨是整体格局和架构组成的问题，是有关足球训练大格局构成的宏观认识问题，足球训练基本模式的设计必须以整体的合理结构为前提。以下探讨包括三个问题，即足球训练阶段划分及其前提因素、足球训练基本模式的双元结构及双元足球训练基本模式的设计。

（一）足球训练阶段划分及其前提因素

在足球训练所有的共性特征中有一个必须遵循的原理，就是足球训练由低级到高级在时间纵向上的阶段划分模式，一般划分为启蒙阶段、初级阶段、中级阶段、高级阶段和职业阶段五个阶段，其中前四个阶段是足球队员的成长阶段[1]。足球训练基本模式是关于足球训练整体过程设计的问题，必须遵循足球规律和队员身心发展规律，其中包括训练五段划分的基本原理。足球队员成长的阶段划分有几个前提因素需要在此统一认识，就是作为训练必须考虑的训练起点、时间周期和时间总量三个因素。

第一，足球训练的起点因素。一个完整的足球训练一定是一个长期的过程，其中不可回避的问题是队员训练的起始年龄问题，对此曾经有过从10岁、8岁以及6岁等开始训练的各种不同提法。后来业界基本认同从4岁或5岁开始更为理想，认为足球启蒙训练的球感就如同音乐启蒙教育的乐感，幼儿阶段培养

---

[1] 范林根. 足球训练[M]. 杨一民，李飞宇，李连胜，译.北京：人民体育出版社，2002：21-23.

和建立的人对球的感知是青少年阶段无法用时间弥补的，多数专家认同这种从幼儿开始启蒙训练的观点。

第二，完整足球训练过程的时间周期因素。这个问题曾经有过足球队员需要8年和12年等各种训练周期的提法，这是队员从启蒙训练到20岁成为职业队员的时间跨度问题。随着职业足球比赛对队员的要求越来越高，世界各国都战略性地提早开始对未来足球人才的培养，足球训练16年周期的提法渐而成为统一的观点。

第三，完整足球训练过程的时间总量因素。足球训练的各个要素构成最后要统一于时间要素上，这个时间总量问题是必须考虑的一个因素。荷兰阿贾克斯俱乐部首先提出了足球训练的"一万小时定律"，"一万小时定律"是作家格拉德威尔在《异类》的书中首先提出的定律，后来被引用到各行各业，意思是想成为某个行业的业务强者就必须付出长期的努力。"一万小时定律"显然不一定要达到一万小时，更不是投入了一万小时就可以成为强者，其核心意思是成功的足球训练必须有足够的训练时间累积。

（二）足球训练基本模式的双元结构

任何足球训练的主体都需要有一个宏观的足球训练基本模式的设计，这种基本模式并不是统一和唯一的，不同主体及相同主体处于不同的发展阶段，其基本模式都可能是不同的。在优胜劣汰的竞争中也会出现基本模式的先进与落后、科学与不科学、全面与片面的不同。从某种意义上讲前文探讨的比赛攻守原则、比赛基本要素以及足球训练要素等，都可以认为是一种足球训练的基本模式，都可以相互融合和借鉴。本章所探讨的基本模式是足球训练整体框架构建的问题，是希望把前文足球训练基本概念、基本理念及足球规律探讨的思想成果融入模式设计之中，并与具体的训练内容与过程操作相贯通，即与后续各个章节的问题探讨连接起来，形成一个框架式的足球训练整个过程的蓝图设计。

足球训练是一个长期、复杂和综合的系统过程，从不同的出发点和目的去考察足球训练体系都会有各种不同的要素构成。本著足球训练基本模式的探讨既要从系统角度全面分析问题，又要与训练实际需要相统一而达到指导实践的目的。为了认识和分析这样一个复杂的系统构成，除了需要明确各个前提因素及纵向时间轴上的五段模式之外，还需要在横向构成上做必要的划分，这样更利于我们有层次和结构性地认识训练问题。根据完整的足球训练构成包括训练和比赛两大要素的观点，及"训练是以比赛为核心和目标，比赛是训练的延续和必要内容"的二元统一关系，可以把足球训练基本模式做双元化处理，就是把足球训练基本模式分为比赛模式和训练模式两部分。事实上，现实的足球训练工作都是包括比赛和训练两部分，是把比赛作为训练工作的龙头发挥着带动和引导的作用，组织竞赛及其建章建制始终是训练工作的重点，比赛之外的平日训练是整体训练工作的基础支撑。双元结构是综合各种观念和结合训练实际需要所设计的整体训练模式，是希望大家重新建立对足球训练完整构成的认识，重新从队员成长需要和训练学角度认识比赛对于训练的作用，见图1-1。

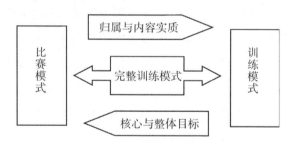

图1-1 足球训练基本模式双元结构中训练与比赛的关系

（三）双元足球训练基本模式的设计

按照队员16年成长过程来设计足球训练基本模式[1]，需要把训练起点、四个成长阶段及每个年度周期的所有训练信息归于一个模式之下，显然其构成过于复杂和容量过大。即便把基本模式按照比赛模式与训练模式双元结构进行设计，两个模式各自构成仍然是复杂的。从方法学角度看，模式是某事物的结构

---

[1] 德特勒夫·布吕格曼. 足球实战训练——比赛是最好的导师[M]. 王新洛，曹晓东，译.北京：人民体育出版社，2016：14.

特征和存在形式，模式可以作为分析和解决问题的优化设计，建立模式可以清晰地认识问题及用高效的方法达到预期的目的[1]。事实上，足球训练各个阶段的每个年度，其比赛和训练的构成和内容都是重复的，要对整个足球训练过程形成清晰的认识，可以以一种简化模式代替复杂的原形。综上所述，我们可以借用模式的原理与方法，运用比赛与训练双元结构的构思，把足球训练16年过程的基本内容和主要信息融于一年周期的设计，即建立年度周期的双元结构足球训练基本模式。

关于年度周期双元结构足球训练基本模式的设计，见图1-2。事实上，模式就是队员16年训练和成长过程的浓缩，足球训练每一年的要素构成和内容比例是相同的，每年周而复始的过程可以用年度模式代表足球训练基本模式。虽然不同阶段及其每个年度的比赛场数与训练内容会有差异，但足球训练基本模式只是整体架构，是为了直观和综合地展示足球训练的基本构成。足球训练基本模式的双元结构设计，一方面，是强调和突出比赛在整个训练过程中的地位和作用，不仅要把比赛作为训练的核心和目标及作为训练的组成部分，而且要在训练基本模式构成上居于首要和领先的地位；另一方面，建立足球训练的双元结构模式也是一种理念，是在训练设计与构思上把比赛作为训练内容，把比赛和训练区分开来，又把两者视为统一的训练问题。双元结构设计的目的是要改变以往把训练与比赛相割裂的做法，强化形成一种正确的观念。

---

[1] 王本陆. 课程与教学论[M]. 北京：高等教育出版社，2009：192-193.

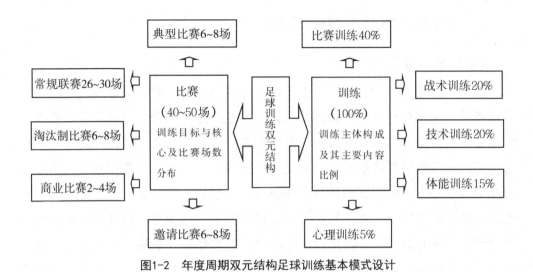

图1-2 年度周期双元结构足球训练基本模式设计

第二节 双元足球训练基本模式的"分解"

双元足球训练基本模式的"分解"是按照"比赛基本模式"和"训练基本模式"的双元构成,把整体和统一的足球训练基本模式分成两个部分,再分别对两个基本模式进行布局和设计,进而形成一个完整的足球训练基本模式。以下探讨分成两个主题,其一是比赛基本模式的设计与解读,其二是训练基本模式的设计与解读,通过对两个模式的"分解"和合成而形成我们对足球训练基本模式的完整认识。

一、比赛基本模式的设计与解读

比赛基本模式的设计与解读是专门对队员整个成长过程的比赛部分所做的设计,是整体足球训练基本模式双元构成中独立的一元,在整个训练中发挥着核心和引领作用。问题探讨分为三个部分,即理想比赛模式的概念与条件、比赛场数整体分布的设计及比赛基本模式的设计与解读。

（一）理想比赛模式的概念与条件

1. 理想比赛模式的概念

理想比赛模式是指教练员根据自己对比赛的理解，对球队整体攻守打法及具体战术和技术行动方法所做的最佳设计，是队员在各种比赛场景下按照统一标准做出应对的方式方法。理想比赛模式是足球训练基本模式设计的核心和最高目标，也是整体训练的重要理念支撑，当然其模式设计要符合队员的认识能力和训练水平。一般所说的顶级比赛模式、国家队比赛模式、职业俱乐部比赛模式等都是理想比赛模式。提出"理想比赛模式"的概念，是希望教练员组织训练要设立最高的目标，而理想比赛模式的建立就是要达到最高目标的标准。建立比赛基本模式显然是要通过大量比赛的磨炼达到最高的竞技水准，而不是为了追求各种不同类型比赛累加场数的多少。这种由量的积累到质的改变，是比赛模式及整个足球训练基本模式设计的真正目的。凡是志存高远的足球组织机构和教练员个人，一定会把最高足球竞技水准作为训练的目标，这一过程需要队员获得比赛经验的积累和心智成长，需要经历大量的比赛锤炼而达到最高的目标，教练员则必须对比赛目标的标准做精心设计。高水平教练担当训练任务，心中一定有一个要达到的高标准的比赛模式设计，这就是理想比赛模式。

2. 理想比赛模式的必要条件

理想比赛模式最后是通过教练员个体设计而显现的，但船位的高低是由水位的高低决定的，一个国家的足球文化根基、理论研究深度、理念先进性、教练员队伍强弱等就是载舟之水。理想比赛模式的设计需要几个方面的条件：第一，教练员要把握足球比赛竞技的原理和要点，要有国际视野，以世界优秀球队在高水平比赛中的战术打法和技术表现为样板，通过比赛观察建立球队战术与技术行为的标准，从而形成先进理念和指导方法。第二，教练员需要有长期、扎实和艰苦的思考过程，要通过大量的学习、训练、比赛实践及与国外高水平球队的交流互动，还要善于从个人及其他优秀教练员的成功与失败中总结经验，就是要有一个理想比赛模式的不断实践、否定、再建立的反复过程[1]。第三，教练员要深刻了解自己球队的品质、性格和传统，把握球队整体最佳的阵型与战术打法设计，要深入了解每一个队员的习惯和特点，所确立的理想比赛模式不是一成不变的，而是要不断做调整和改变。第四，教练员的性格和风格是理想比赛模式的重要因素之一，球队整体打法的差异性往往体现在教练员的气质上，而且每个教练员的人生经历、足球专业成长经历、学习经历及执教经历都是不同的，理想比赛模式一定印刻着教练员的个人追求及其深邃的思想。

（二）比赛场数整体分布的设计

1．比赛场数问题的认知过程与设计

比赛基本模式的外在形式是比赛场数的设定及其比例分布，队员成长必须有相当的比赛场数累积。2007年德国籍的国际足联讲师克里特在A级教练员培训时提到，一个职业队员的成长最少需要积累300场的比赛经验[2]；2008年英国籍专家阿弗雷德在中国做"科化训练"推广时说，职业队员需要有400场正式比赛的经验积累。2012年荷兰阿贾克斯俱乐部技术主任里克林克在中国做技术主任培训时用图表显示，一个顶级球星的成长最少需要经历600场比赛，其中启蒙和初级阶段的小型比赛300场，中级和高级阶段十一人制比赛300场[3]。根据我国的现实可能和培养人才的需要，对我们现阶段足球队员成长过程的比赛场数的整体设计见表1-1。

---

[1] 美国国家足球教练员协会.经典足球指导教材[M]. 李春满，等译.北京：北京体育大学出版社，2009：226.

[2] 引用克里特2007年中国足协A级足球教练员培训讲义的内容.

[3] 引用里克林克2012年中国足协专职足球技术主任培训讲义的内容.

表1-1　足球队员各个成长阶段及年度比赛场数设计

训练阶段	年龄跨度	比赛规制	比赛时间（分钟）	年度比赛（场）	典型比赛（场）	阶段总合（场）
启蒙	U6、U8	三人制和四人制	20和30	30	4~6	120
初级	U10、U12	五人制和八人制	40和60	40	6~8	160
中级	U14、U16	八人制和十一人制	60和90	40	6~8	160
高级	U18、U20	十一人制	90	50	6~8	200

2．以比赛实战为核心理念的解读

　　足球训练核心理念的要义是一切训练活动要以比赛为核心，具体就是训练以各个阶段所设定的年度比赛为核心，其实质就是要以比赛取胜为目的和工作中心。而作为足球组织机构及其聘请的优秀教练，一般是要以多年训练周期中某一年的大赛取得成功为目标，以重要赛事决定性比赛的取胜为目的。例如：世界足球强国国家队的目标是世界杯冠军；欧洲优秀俱乐部的目标是欧冠冠军。再如：中国国家队以获得世界杯出线为目标；中超优秀俱乐部以获得亚冠冠军为目标等。可见具体的比赛取胜目的虽然重要，但一个高水平球队年度比赛要以几次典型比赛的表现及取得实力增长为中心，这样以比赛实战为核心的理念及其比赛取胜的目标就不是眼前具体某一场或某几场比赛的取胜，而是重大比赛的最终成功。这种长远的比赛目标及其规划的设计，要求教练员要建立理想比赛模式及其标准，球队在大量的比赛实战中逐步得到实力的增强及达到相应的标准。

　　以比赛实战为核心的训练理念，需要在训练整个过程及其所有环节都体现其核心地位，在比赛基本模式及在比赛场数整体分布的设计中，肯定要以理想比赛模式为核心和技术发展的目标，进而围绕球队达到最高的比赛竞技水平的需要设计整体的比赛场数分布及进一步的比赛与理想比赛模式对接的措施，这样才是真正做到以比赛实战为核心。核心理念的核心地位不仅是体现在某一次训练课或某一个训练阶段，而是要体现在整个训练过程的始终。所以整体的足球训练基本模式的设计要以比赛基本模式为核心和龙头，整个队员成长的16年要以640场比赛为核心；每一个阶段4年的训练周期要以160场比赛或200场比赛为核心；一个年度的训练周期要以40场比赛或50场比赛为核心；一个年度的6~8场典型比赛是核心的核心；一周的训练要以周末比赛为核心；一次训练课要以训练主题的比赛实战内容为核心。

（三）比赛基本模式的设计与解读

比赛基本模式是围绕队员整个成长过程周而复始的年度比赛所做的整体设计，是把一个年度内的比赛做分类和整合处理，使各种比赛的布局及比例安排趋于合理，使队员比赛经验累积更加良性和高效。"训练是以比赛为核心和目标"不是空洞的口号，是要把最后取得优异比赛成绩作为训练的最终目的。为此比赛模式与训练模式的设计要相互搭配和衔接，把比赛模式作为训练模式设计的依据和指导，所有训练活动都要以比赛为中心及围绕比赛的需要制定规划，比赛模式设计要能够逐步达到理想比赛模式的标准，理想比赛模式应当与世界顶级球队的标准相一致。比赛场数即16年640场比赛、每个阶段160~200场比赛及每个年度40~50场比赛，是比赛基本模式设计的基本内容，足够数量的比赛是获得充分比赛体验的前提，是达到最高竞技水准的必要条件。但仅仅依靠简单比赛数量的累积是远远不够的，还要把各种不同类型的比赛按照一定的比例分布，构建起比赛基本模式的合理布局。综上所述，比赛基本模式需要有一个优化的整体设计，设计是以训练最后达到理想比赛模式的标准为目标，还要稳妥地和一个一个地达到每个阶段性理想比赛模式的标准。图1-3是整体比赛基本模式的设计，下文结合图形对设计做具体的解读和说明。

1. 比赛基本模式的整体结构

模式顶端的理想比赛模式标准是整体的核心和目标，底端是队员16年成长过程及其640场比赛构成是模式的基础和依据；要达到理想比赛模式标准，需要分阶段及建立阶段性的理想比赛模式及标准，要有步骤地向目标推进；16年成长过程640场比赛前8年的启蒙和初级训练阶段，是以小型比赛为主的280场比赛，主要目的是掌握全面和扎实的足球技能及适应比赛和实战氛围，后8年中级和高级训练阶段，以十一人制为主的360场比赛，主要目的是巩固全面技能和培养技术特点及积累比赛经验；完成完整的四个成长阶段的全过程，队员每年要完成40~50场比赛的经验积累，其中要有6~8场典型的比赛，最后，天赋和态度优秀的队员可以达到理想比赛模式标准[1]。

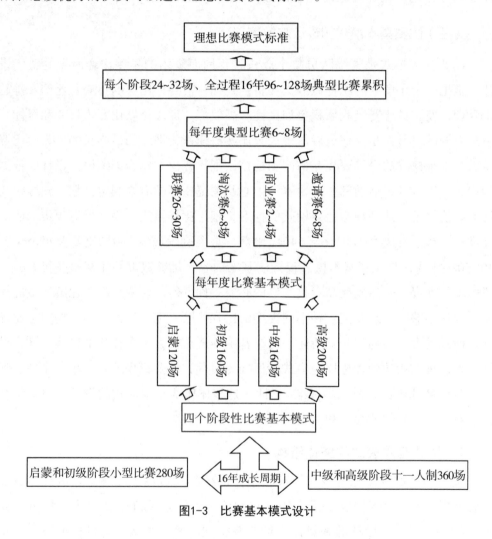

图1-3　比赛基本模式设计

---

[1]　引用里克林克2012年中国足协专职足球技术主任培训讲义的内容.

2．阶段性比赛基本模式的结构

把队员16年成长过程分为各为四年的四个训练阶段，即启蒙阶段、初级阶段、中级阶段和高级阶段，各自建立阶段性比赛理想模式及其目标的标准，是各自通过160场或200场（启蒙阶段120场）比赛达到相应的标准；理想比赛模式需要最高级别的职业级教练员的最优秀者完成其设计，相应的各个阶段性的理想比赛模式，要由相应级别的最优秀教练员来完成设计；比赛基本模式的设计实际是围绕年度比赛进行的，是按照每个年度40~50场比赛及各种比赛的比例分布，确定各种比赛的目标和要点，足球训练也是以年度为单位而逐年累积，是经过这样有目标、有计划、有节奏的一场一场的比赛累积，最后达到理想比赛模式设计的要求。

3．年度比赛基本模式的结构

年度比赛基本是队员16年成长过程每年周而复始进行的，这个模式就是具体的各种比赛所占年度40~50场比赛的比例；年度40~50场比赛有各种不同的类别划分方法，通常是常规联赛26~30场，淘汰制比赛6~8场，商业性比赛2~4场，邀请赛6~8场。其他的类别划分方法还有按照比赛对手强弱的等级划分、按照比赛重要程度的级别划分和按照比赛地点或主客场的划分等，这些因素也要统筹考虑进年度比赛基本模式的设计；每个年度系统地按照各类比赛的分布完成各自的比赛场数，每一类比赛对队员成长都发挥其各自的作用，这样各种比赛也就共同构成了年度比赛基本模式，是年度训练的核心，起到龙头的作用[1]。

4．年度比赛基本模式中各种比赛

常规联赛26~30场：按照一年各个时期基本的训练节奏迎接各种不同的比赛对手及适应客场和主场的比赛氛围。淘汰制比赛6~8场：针对各种不同对手设计比赛阵型和战术打法，主要是解决一场定胜负比赛的心理、经验及适应能力。年度2~4场商业性比赛：建立商业意识和公益意识，适应社会发展，同时

---

[1]　引用里克林克2012年中国足协专职足球技术主任培训讲义的内容.

让年轻队经受比赛磨炼和积累比赛经验，磨合阵型和加强队员之间的配合。年度邀请赛6~8场：主要是根据球队发展的需要，如演练阵型、考察队员、适应比赛对手、恢复状态及接受其他球队邀请等。球队内部的练习比赛：主要在训练课采用，有针对性地培养队员各种个人能力。正式比赛是平日练习比赛和实战能力培养的核心，高质量比赛是所有训练和比赛的核心。

5．年度典型比赛的安排

一个年度要完成6~8场典型比赛，就是要求队员有各种典型的比赛体验和经历，体验具有不同挑战性的比赛，例如：以弱胜强的比赛、反败为胜的比赛、反胜为败的比赛、大强度高体能消耗的比赛、旗鼓相当的比赛、高水平发挥的比赛、对强队差距大的比赛、对弱队恢复自信的比赛等。各种比赛队员有着各自不同的心理过程、压力、技术发挥、挫败感及成功体验等，队员经历以上各种比赛都是非常必要的历练过程，是达到最高竞技水平的必要过程，只有不断经过各种不同的比赛考验，队员才能逐步形成足够的自信、顽强的精神及克服困难和顶住压力的勇气，以及无论在胜利还是失败面前都能够保持清醒和冷静。

二、训练基本模式的设计与解读

训练基本模式的设计与解读是对队员成长训练过程所做的设计，是整体足球训练基本模式双元构成中的基础和主体部分。以下探讨分为三个问题，即训练的主体地位及其时间总量、阶段训练模式及其阶段积累和训练基本模式的设计与解读。

（一）训练的主体地位及其时间总量

队员成长过程640场比赛满打满算是800小时左右，从时间上说只是整个训练总量的极小部分，所以可以说训练过程才是整个足球训练基本模式的主体部分。训练基本模式的设计是为了使训练更加科学和高效，是整体训练设计的基础部分和达到理想比赛模式标准的基本支撑。比赛虽然是训练的核心和目标，但比赛目标的实现不是简单地依靠多打比赛的数量积累，比赛背后需要有大量的个人技能、战术配合和体能的训练强化，这些能力是比赛高水平发挥、心理稳定和体能充沛的基础，这些必须经过长期训练和技术不断提高的过程。虽然队员的成才有不同的标准和特例，但从启蒙阶段到最后成为职业队员必须达到一定的训练时间量，而且为了达到各个成长阶段理想比赛模式的要求，每个成长阶段都需要有足够的训练时间保障。根据四个成长阶段划分和诸多足球发达国家的青训经验，可以推算出队员16年成长过程的训练时间总量及每个阶段的时间量，由此建立一个足球队员各个成长阶段的训练时间分配量表，见表1-2[1]。

表1-2　足球队员成长四个阶段的训练时间分配模式

训练阶段	年龄跨度	每周次数	每周时间	每年次数	年训时间	课余训时	时间总量
启蒙	U6、U8	3	4.5	150	225	225	1 800
初级	U10、U12	3	6.0	150	300	300	2 400
中级	U14、U16	4	8.0	200	400	400	3 200
高级	U18、U20	5	10.0	250	500	500	4 000

注：表中的时间单位均为小时。

足球队员的成长仅仅靠比赛磨炼是远远不够的，队员技术技能的提高、战术意识的强化、团队配合的默契和体能水平的提升，都需要大量专门训练时间的投入，包括队员稳定的整体发挥和良好比赛心理的形成，也都需要大量专门的有针对性的训练的时间累积。所以训练与比赛是相互依赖和相互促进的关系，两者都是统一整体的一部分，又都是各自独立和专门的过程。训练是比赛的基础和前提，训练要以比赛为核心及围绕比赛的需要进行设计和规划，比赛也必须以训练为根本和依托。这里突出强调训练的主体地位，就是要确立训练过程是整个足球训练基本模式构建的基础和主要内容，只有有了足够训练量的积累，才能够保证比赛目标的实现。

---

[1]　范林根.足球训练[M].杨一民，李飞宇，李连胜，译.北京：人民体育出版社，2002：4.

（二）阶段训练模式及其阶段积累

训练阶段是根据队员生理、心理及心智水平的阶段成长规律而划分的，认识队员阶段性成长规律与特点对于训练具有重大意义。阶段划分及一年一年周而复始的训练不是把训练过程截然分开，而是要前后贯通和循序渐进地完成阶段性的训练积累和推进。一个国家培养少儿就瞄准世界最高水平是难能可贵的，也是我们应有的志向和信念。但队员处于不同的成长阶段，所能够达到的技术高度是有限的和无法逾越的，教练员不可以跨越阶段而拔苗助长。所以，队员每个成长阶段都要有明确的训练目标和指标要求，都需要建立阶段训练模式并取得训练的成功，积累阶段性训练成果，如此才能达到理想比赛模式及其具体标准的要求。各个阶段的训练设计及阶段理想比赛模式标准的设计，也是需要由各个级别最优秀的教练员担纲，需要有众多各类专家和智囊的共同参与，现阶段在中国需要有足球发达国家专家的智力支持。

国家制定整体的训练大纲及具体规划，最高目标必然是达到理想比赛模式的标准。训练大纲需要遵循队员各个阶段的成长规律和特点，训练需要围绕队员不同阶段所设定理想比赛模式的目标，统筹四个阶段的训练设计及阶段性的逐步推进。按照本著"双元足球训练基本模式"的设计，还需要建立不同阶段的比赛模式和训练模式并使之不断改进和完善，当然更需要先进训练理念的支撑和引导，需要制订科学的训练计划和强化科学手段。训练大纲每一个阶段目标及年度训练目标的实现，一定要有训练的统筹及大量具体工作的推动，无论是技术和战术训练，还是体能和心理训练，包括比赛经验、意志品质和团队精神的培养，都需要训练和比赛过程的打磨和训练量的积累。

（三）训练基本模式的设计与解读

训练基本模式是围绕年度训练所做的整体设计，是根据队员整个成长过程训练积累的需要把周而复始的年度技术、战术、体能和心理训练内容做整合处理，使各项内容的比例安排趋于科学和合理。这里的训练基本模式是以每个年度为基本单位所做的设计，因为足球训练都是以一年为周期周而复始地进行，训练水平是在大量内容重复中循序渐进地提高，所以在宏观地了解队员16年及每个阶段4年的成长过程构成之后，对足球训练基本模式的架构及细节的认识，还是要以一个年度的训练构成作为分析样本。本著把足球训练内容分为技术训练、战术训练、体能训练、心理训练和比赛训练五项内容，在国际上各项内容的叫法大体上是一致的，其中技术训练、战术训练、体能训练和心理训练基本是国际通用的叫法。只有"比赛训练"的叫法存在很多的不同，其中包括"有侧重点的比赛""自由比赛""小组比赛""对抗训练""小型比赛""技能训练""场景训练""实战训练"等，这些不同的叫法也说明比赛训练包含着不同的训练目的。归结这些比赛训练的叫法，有如下的相同特征：第一，一般都包括足球训练的六个要素；第二，要求按照比赛要求完成高强度的对抗；第三，有侧重地突出某一个技术、战术或体能问题，即有针对性地解决比赛中局部或某种场景下的问题；第四，多数情况少于比赛人数和小于比赛场地面积；第五，把技术内容、战术内容和体能内容等综合地集中于一身。

本著训练内容构成的设计是基于对各国设计的综合考证，最后训练基本模式的各项内容比例搭配见图1-4：比赛训练占40%、技术训练占20%、战术训练占20%、体能训练占15%、心理训练占5%。当然这种比例并不是绝对的，实际训练中允许有较大幅度的偏离，而且有时候各项训练内容并不是截然分开的。在各个足球发达国家，以上各项内容所占整体训练时间的比例并不统一，可谓众说纷纭、莫衷一是。例如，德国青少儿足球训练规划的启蒙阶段初期：各种不结合球的跑跳占30%、结合球游戏占20%、技术训练占20%、比赛训练占30%。启蒙阶段后期：各种不结合球的跑跳占15%、结合球游戏占15%、技术训练占20%、比赛训练占50%。初级阶段之后基本趋于稳定：技术训练占20%、战术训练占20%、体能训练占20%、比赛训练占40%。当然，不同训练阶段的训练内容的复杂程度和难度是不同的，比如：战术训练在初级阶段以个人战术和小组战术为主，中级阶段则以小组战术和局部战术为主等[1]。再如：

---

[1] 德国足球协会.青少年足球天才培养方案[Z].2014.

意大利AC米兰俱乐部的青训设计有很大的不同：技术训练占30%、战术训练占30%、体能训练占20%和智力训练（或心理训练）占20%，而比赛训练的比例却用另一个训练时间维度代替，就是进攻训练比例占33%、防守训练比例占33%和综合训练比例占33%[1]。但整体上在进入初级训练阶段之后，世界各国的各项内容所占整个训练的比例越来越趋于一致。

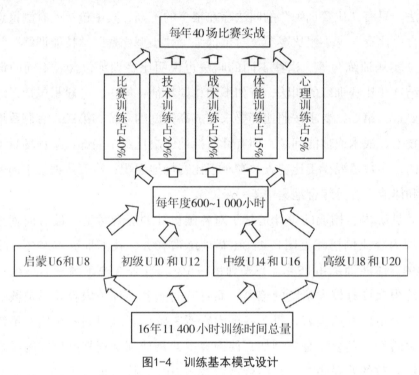

图1-4 训练基本模式设计

---

[1] 意大利AC米兰俱乐部.青少年足球训练大纲[Z].2016.

第二章
足球训练取材

　　足球训练取材是足球训练基本方法的一个重要问题，也是足球训练基本理念层面的问题，正确的训练取材是调动队员训练积极性和提高训练效果的重要影响因素。足球训练基本模式是对训练整个过程的设计，足球训练取材则是训练组织实施具体操作的第一步。

　　关于训练取材我们以往存在认识上的错误，一些很有成就的教练也会认为：队员在成长过程中存在的不足和空白太多了，训练有无穷无尽的素材，训练取材是无关紧要的问题。这种观点只看到了训练素材丰富的方面，忽视了训练素材的时效性和新鲜效应，而依据主观经验的取材往往是训练达不到理想效果的重要原因。训练实施的对象是队员，对队员的思想情感状态缺乏洞察和利用，就很难有效地激发他们的主动性和积极性，单凭经验的取材就会出现主观认识与客观实际对接的偏差。

　　本章提出足球训练取材的问题，是从改变大家旧有的错误取材思维和提高训练效率的需要出发，让大家明白为什么足球训练一定要取材于比赛实战，要取材于比赛中队员表现的典型片段[1]。本章所探讨的不是长期训练或大周期训练的取材问题，主要是针对一次或几次训练课的取材，是希望帮助大家纠正以往固有的错误观念，形成先进和科学的训练取材思维。

---

[1]　范林根.足球训练[M].杨一民，李飞宇，李连胜，译.北京：人民体育出版社，2002：1.

第一节 足球训练取材及其加工

足球训练取材及其加工是做好训练课设计及保证训练质量的重要问题，探讨包括足球训练取材于比赛实战和训练素材的选取与加工的两个主题，希望由这两个主题的探讨帮助大家建立正确的训练取材思维，并了解取材之后如何把训练素材加工成训练课的要素。

一、足球训练取材于比赛实战

足球训练取材于比赛实战的探讨主要是建立正确取材思维的问题，是通过几个概念的介绍帮助大家形成正确的训练取材思路和方法。以下分三个问题进行分析和说明，即训练素材概念与解读、训练取材于比赛实战及典型比赛片段的截取。

（一）训练素材概念与解读

训练素材是指可供于完成训练任务而从比赛中提取出来的技术、战术、体能和心理等比赛基本要素的某些具体内容，是足球训练所需要的原始材料。比赛中队员的技术动作、战术配合及体能和心理等所有表现都可以作为训练素材，而且不管是过去还是现在，不管是采用先进还是落后的训练取材方法，任何训练素材终究是来源于比赛实战[1]。再具体地说，训练素材是比赛中的各项比赛基本要素的表现，是把比赛的技术、战术、体能和心理表现抽取出来的那部分内容。现实中教练员提取训练素材，需要抛开经过大脑加工后的复杂和抽象的理论，就是要抛开概念化、规范化和系统化的技术、战术和体能问题，而是要把那些直观、简单的比赛具体表现作为原始材料，例如：比赛中某个队员具体完成的控制球动作、抢球动作，某一次小组或局部完成的传球配合、围抢行动，某一次整体完成的团队性传中与包抄射门配合等。训练素材是简单和具

---

[1] 引用里克林克2012年中国足协专职足球技术主任培训讲义的内容.

体的，但不是比赛中所有的技术和战术表现都适合做训练素材，有价值的训练素材要经过教练员的判断和筛选。训练素材作为训练的原始材料有长效素材和短效素材的不同的类型，比如：长期备用素材、日常必用素材、储备素材是长效素材，长效素材一般是辅助性的边缘素材；短缺素材、急需素材、鲜活素材是短效素材，短效素材一般是核心和主要素材。足球训练需要选取最有价值的素材，就是训练取材要有的放矢，做到这一点需要教练员通过一系列概念、原理和方法的学习而提高业务素养，有了认识基础和理论基础才能对队员比赛表现做出判断，才能把比赛中的问题做归类而从中选取最好的训练素材，足球训练素材的基本类型归纳见图2-1。

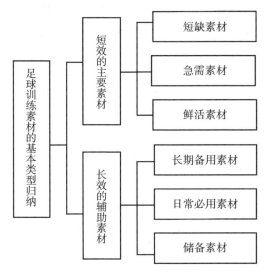

图2-1　足球训练素材的基本类型归纳

（二）训练取材于比赛实战

通常所说的足球训练取材是指从现实的比赛实战中提取出来的用于日常训练的主要素材，是供完成训练任务及具体训练操作的材料资源。训练素材用于训练实践是有时效性的，训练的取材就像我们宴请客人准备菜肴的食材，招牌菜以刚刚采集于大自然的新鲜原材料为上佳，足球训练的取材，越是新近的比赛其素材也就越新鲜和生动，要把比赛中具体和典型性的技术、战术或体能表现作为训练素材。例如：比赛进攻的低级失误、关键传球时机错过和射门机会错失。再如：比赛防守盯人松动、站位错误和抢球误判等。这些比赛中影响胜负、低级失误和错失机会等比赛场景片段，是队员有深刻印象和极欲尝试改善的训练内容，利于激发起队员的训练热情和潜能，利于训练效率的提高。从比赛实战中截取训练素材在欧美国家早已成为普遍采用的做法[1]，但在我国还处于新的理念与方法传播的开始阶段。现今的训练与比赛相互渗透和统一关系的问题，已经从方方面面都开始细化，训练素材取材于比赛及从比赛中截取典型片段就是具体的实施环节。所以"比赛是训练的导师，比赛决定训练的内容、形式和负荷""训练是以比赛为核心和目标，比赛是训练的延续和必要内容"等，这些训练与比赛关系的统一，我们还需要从更深入的细节去把握。要把训练与比赛连接得更加紧密，需要做好训练取材及其一系列具体方法的跟进。

（三）典型比赛片段的截取

"典型比赛片段"是专门用于训练取材的一个名词，指比赛中队员所表现的具有代表性的攻守行动的节点或场景，一般是对整个比赛进程和球队整体发挥产生影响的瞬间表现。作为训练取材的典型比赛片段可以是队员高超的具有典范性的表现，但多数是队员典型失误和需要通过训练克服的问题。无论是哪一种典型的比赛片段，都是对比赛有重要影响、队员记忆深刻及容易调动起队员训练欲望的优质素材。有的典型比赛片段如果不能及时用于训练过程就容易失去效用，这些素材通常属于短效的鲜活素材、急需素材或短缺素材，是各个阶段足球训练都大量需要的素材，足球训练特别需要注意素材的时效性。优质训练素材好比是作家的写作素材，往往错过了写作时机就很难再现灵感和激情，同理，训练素材也需要趁热打铁地加以利用。所以典型比赛片段一般是在新近的比赛中截取队员的

---

[1] 范林根.足球训练[M].杨一民，李飞宇，李连胜，译.北京：人民体育出版社，2003：1.

某些瞬间的重要表现，这样的素材才更新鲜和生动，队员也记忆深刻并清楚这是训练要解决的问题。典型比赛片段每一场比赛都可以截取很多，采用这些素材利于球队上下达成共识和促成高效的训练。

典型比赛片段也不仅限于从本队近期的比赛中截取，球队过往的比赛、球队练习比赛、对手球队的比赛和著名高水平球队的经典比赛等，都可以从中截取典型比赛片段，这些比赛片段可以作为长期备用素材和平常必用素材。例如：从球队过往的重大比赛中截取技术失误的素材用于克服相应的比赛问题。再如：准备眼前的世界杯比赛可以用上一届世界杯的典型比赛片段为训练素材。又如：从对手球队过往的比赛中截取某些队员的比赛片段作为素材进行有针对性的训练。另如：从世界高水平经典比赛中截取素材作为标准进行强化训练。训练从比赛中截取素材是为了更好地解决某些具体问题，很多时候从训练图书和录像、球队自身训练过程、比赛对手球队训练、高水平球队训练等，都可以从中发现为我所用的重要训练素材。所以教练员需要开阔视野多渠道地获取训练素材资源，只有拥有丰富优质的素材资源，才能提高训练效率，也就是说有时候解决训练问题并不一定要取材于现实的比赛实战。

二、训练素材的选取与加工

训练素材的选取与加工包括两个问题：其一是训练素材的选取，是要在介绍训练素材可以多渠道获取的同时，重点了解和掌握训练素材选取最主要的渠道；其二是训练素材的加工，是介绍如何把训练素材加工成足球训练课的要素。

（一）训练素材的选取

我们以往对训练取材问题的认识存在误区，过于偏重教练员的主观判断。现在基层训练仍然存在着严重的痼疾，认为训练取材的来源是广泛和多渠道的，比如：可以从图书阅读、训练观摩、技术培训等渠道获取素材资源。如果一个教练员把这些作为获取训练素材的主要来源，就是一种错误的取材思路和做法。可以肯定地说，从这些渠道所获取的知识和信息，虽然对于教练员提高专业认知和业务水平有着巨大的作用，是教练员形成训练理念和建立训练方法体系的重要支撑，是教练员开阔眼界和形成职业素养必不可少的环节，但是教练员要想跟上发展的需要，就要建立正确的训练取材思维，养成从比赛实战中获取训练素材的良好习惯，而且要把从比赛中截取典型片段作为训练取材的主要渠道，其他渠道最多只是辅助的取材方法。

训练素材选取，顾名思义就是选取优质素材用于训练过程，一般情况下训练素材最好取材于新近的典型比赛片段，这样最利于激发和唤醒队员的训练积极性。训练的目的是提高队员的能力及球队的整体实力，训练素材的选取必须以达到最佳的训练效果为核心目的。就如同食材既要符合客人胃口又要有营养，判别训练素材是不是优质，还是要以符合队员需要和利于队员进步为基本原则，训练素材的选取关键还是在于教练员的业务素养。训练素材要利于有针对性地解决训练问题，优质训练素材一般需要具备几个方面的特点：第一，是受到队员普遍关注和有深刻记忆的精彩表现；第二，是球队整体或某些队员个人急需要克服的问题；第三，是涉及球队胜负、晋级和出线的症结或问题；第四，是有利于改进战术和改变实力的问题；第五，是队员普遍感兴趣、好奇和希望尝试解决的问题；第六，是比赛中重复出现的问题。

（二）训练素材的加工

训练素材加工是指把选取用于训练的素材按照训练课设计的需要，改造成为训练过程中所必需的各种非物化的训练课要素，其中包括训练主题、目标、内容、方法、要点、要求等，还可以延伸到技术动作次数或密度、运动量、运动强度等。训练取材的目的是完成训练及通过训练提高队员能力，做到这一点就需要对所获取的训练素材做加工处理，就是把训练素材转化成训练课要素并编排到训练课设计中。训练课的设计还需要有足够大的场地、一定数量的队员及各种设施和器材等物化要素，但这些物化要素不是训练取材和素材加工的内容。如果把一次训练课比喻成一个生产过程的流程，物化要素就是生产车间和机械设备，由训练素材加工而成的训练主题、目标、内容、方法、要点、要求等非物化要素就好像是完整产品的一个个部件，最后完成的训练就好像是这些部件组装成的产品。训练素材是队员在比赛中瞬间的个人或团队表现的诸多片段，教练员通过综合判断选取素材是训练素材加工的第一步，一旦选取了训练素材，还必须把素材加工成训练课所需要的训练课要素，以支撑训练过程的操作及训练任务的完成。训练素材类似于作家的写作题材，题材不需要很多但需要具有典型性和可塑性，一个小的题材足可以写成有价值的文章。同样选取一个典型比赛片段就可以作为一次或多次训练课的素材。

把一个典型比赛片段转化成诸多训练课要素的加工过程，教练员要充分挖掘这个训练素材对于比赛的价值和功用，利用和发挥训练素材的可塑性和拓展性。教练员需要运用专业知识、训练经验和加工技巧等，把从比赛中截取的训练素材与长期备用素材、平常必用素材、存储素材等做合理的搭配，再经过加工重组把训练素材转化成训练课的诸多要素。训练素材的加工实际上就是训练课教案的设计过程，就是根据解决比赛问题和促进队员进步的需要，明确训练主题及所要达到的目标，再围绕训练主题和目标设计安排训练内容与实施方法，提出驾驭训练过程的要点及对队员的具体要求。当然训练素材还要注意与物化要素的统筹和搭配，以及设定具体的技术动作和战术配合的次数及训练的运动量和强度等。以上由典型比赛片段加工而成的训练课所需的诸多要素，都是训练素材的衍生品，是把从比赛中截取的鲜活素材加工成训练"要件"，再编排到训练课的设计中，这样也就更利于吸引队员注意，激发队员兴致和斗志，有的放矢地解决问题。

第二节　训练取材模式及其应用

训练取材模式及其应用实际上就是训练取材的思路与方法问题，及如何把取材方法在训练实践中合理应用，是希望帮助大家掌握先进的训练取材思维。以下探讨包括两个主题，即训练取材模式和两种训练取材模式的关系与应用。

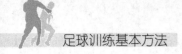

一、训练取材模式

训练取材模式是获取训练素材的思路与方法问题，是训练素材获取所需路径的问题，正确的取材模式融合着先进的理念与方法，是需要我们认真思考的问题。探讨包括三个具体问题，即训练取材模式概念与解读、客观取材模式及主观取材模式。

（一）训练取材模式概念与解读

训练取材模式是根据实现训练目标及与队员训练水平相适应的要求，把训练取材按照客观和主观的需要从比赛中提取训练素材的两种不同的思路和方法。训练素材的最佳取材途径是从比赛实战中截取，典型的比赛片段是最优质的素材。但是由于训练所要达到的目的不同，相应的训练取材也需要有不同的思路和方法，这是我们要探讨的训练取材模式的问题。一场比赛会有很多可以作为优质训练素材的典型比赛片段，例如：攻守转换瞬间的某一典型片段，不同位置队员存在问题的典型片段，个人技术运用问题的典型片段，小组配合问题的典型片段等。教练员不可能把所有的比赛片段都拿来做训练素材，此时的训练素材就有了如何选取的问题，这也是考验教练员业务素质的关键问题。影响教练员训练取材的因素有很多，例如：为了提高训练效果而选取与之相适应的素材，为了克服比赛中的问题或弊端而选取相应的素材，为了帮助队员更好地成长而选取素材，为了解决比赛进攻无力窘况而选取素材等，每一个方面的问题都不可否认其重要性。那么究竟训练取材应当依据什么来做选择呢？这又要根据训练所处的不同阶段、队员的身体和心理状态、训练环境和场地设施条件、比赛对手的实力及状态、训练的目的和要求等。训练取材是一个复杂而需要智慧的选择，但训练取材主要是根据教练员的主观意志和客观实际需要两个方面，据此我们可以建立客观取材模式和主观取材模式，两种基本训练取材模式各自的目的与区分的简要说明见图2-2。

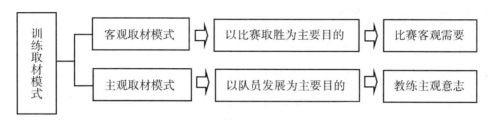

图2-2 两种训练取材模式的目的与区分

（二）客观取材模式

客观取材模式是针对现实比赛中存在的最重要和急需解决的问题，教练员客观地选取相应的典型比赛片段作为训练素材及用于训练课的设计。职业队参加联赛期间每周的训练取材多数是采用客观取材模式，职业队的大部分训练素材是截取于本队或对手球队刚刚结束的比赛，是客观地把比赛中最为紧要的典型问题提出来，再通过训练加以克服和解决。客观取材模式的训练焦点是解决眼前存在和最需要解决的问题，是要客观、准确地抓住主要的比赛问题，及截取其中典型的比赛片段作为训练素材。客观取材模式更适合职业队及由职业队员组成的国家队，因为职业队的训练取材及其训练就是为了比赛取胜，训练就是要解决客观存在的问题和不足，而且职业队员都经过了长期的成长过程，技术和个人实力的发展已经不是训练的主要目的，他们训练的主要目的是克服和解决典型的比赛问题和争取比赛获胜。还有职业队员的技术水平和能力发挥相对稳定，比赛中出现的典型问题基本就是训练中亟待解决的，而且职业队员具备自我认知和评价能力，容易对比赛中球队及个人表现的主要问题达成共识，采用客观取材模式更利于解决问题。当然，青少年训练也会有很多采用客观取材模式的情况，职业队训练也会有采用主观取材模式的情况，但职业教练员肯定会更多地偏重采用客观取材的模式。训练取材需要建立从比赛中截取素材的正确思维，但训练对象不同决定主要训练取材模式的不同，教练员更客观和准确地把握球队最主要的问题，才是做好训练取材的关键。

（三）主观取材模式

主观取材模式是教练员把队员的发展作为训练的第一需要，主观地把更利于队员成长和进步的典型比赛片段作为训练素材而用于训练课的设计。主观取材模式适用于青少年成长阶段的训练取材，但训练素材的主要来源仍然是从比赛中截取的典型比赛片段，这一点训练取材的基本思路是相同的。什么是更利于队员成长和进步的训练素材？这要依据教练员对训练的认识及其主观判断，其关键是训练要把队员的发展作为第一需要。青少年队员处于不同的训练阶段，影响和制约他们成长与发展的因素很多，而且不同时期和不同个体的主要影响因素都不相同，比赛成绩只是众多影响因素中的一个。所以青少年训练要更看重那些利于队员健康成长的训练素材，要淡化追求比赛取胜和夺取锦标的思想。当然青少年训练的取材也需要采用客观取材模式，但作为教练员则必须更重视采集队员成长所需要的训练素材，需要更多地采用主观取材模式。青少年成长阶段的训练一旦以比赛取胜为目的，就容易把训练做简单化处理，比如：提早训练体能和防守都可以达到取胜的目的，但这对于队员成长是非常有害的，因为队员成长阶段需要更多渗透技术细节及小组和团队的配合，要融入更多的智力因素，也需要更多地完成复杂比赛及提高驾驭比赛的能力。青少年队员成长有着巨大的内在伸缩空间和弹性，如果教练只追求比赛胜负就容易拔苗助长，青少年队员就会缺乏成长的后劲。

主观取材模式适用于青少年球队训练的取材，还因为青少年队员处于技术成长的泛化阶段，技术水平发挥和实战能力表现都会有大起大落，即便是表现好的比赛也会有很多的问题和不足，都可以截取很多的典型比赛片段作为训练素材。教练员如果出于对培养人才的负责，就应当更重视从队员健康成长的角度出发，更多地把比赛中的技术细节、战术默契等典型片段截取出来作为训练素材，这样就需要教练员了解青少年队员不同成长阶段的训练需要，更多地按照自己的主观意志选取更利于青少年队员成长和进步的训练素材。青少年比赛的队员方方面面都会出现问题和错误，各方面都可以截取很多典型比赛片段作为训练素材，如果出于有计划、有步骤地推进系统训练的需要，教练员可以通过引导把自己计划的训练内容拿出来做训练素材，所以从比赛中截取训练素材并不会影响青少年的系统训练。当然，青少年训练也需要采用客观取材模式，能够把比赛取胜与队员成长统一起来，是更为理想的训练取材模式，但作为教练员还是要偏重于采用主观取材模式，以促进青少年队员成长和进步作为更重要的训练目标。

二、两种训练取材模式的关系与应用

两种训练取材模式的关系与应用的探讨，首先阐明客观取材模式与主观取材模式的区别与关联，再让大家了解两种取材模式可以根据训练目的和对象的不同而灵活应用。以下分两个问题进行分析和说明，即两种训练取材模式的关系和两种训练取材模式的应用。

（一）两种训练取材模式的关系

客观取材模式与主观取材模式，其客观是指以比赛取胜的客观需要为标准，其主观是指以队员更好地成长和进步的教练员主观愿望为标准，两者不是哲学意义上的客观与主观的关系。无论是客观取材模式还是主观取材模式，其训练素材都来源于客观的比赛实战，而且其主要素材都是典型比赛片段，所以两者的素材来源和内容有着客观的一致性。为了保证训练素材的新鲜和生动，取材要从新近比赛中截取典型比赛片段，在大的方向上都是为了有效地增强球队实力及纠正错误和弥补不足。两者的差异是细微环节上的不同，是根据训练对象及其各自训练目的与发展的需要而选择更为有利的训练素材，训练素材都是客观的。无论是客观取材模式还是主观取材模式，其取材都是由教练员的主观意志决定的，区别在于是根据比赛取胜的需要还是队员成长的需要，而且比赛取胜与队员成长又有较大的一致性。建立两种取材模式是强调在思想上要建立正确的取材思维，训练目的决定采用何种取材模式，其中尤其需要强调的是处于成长阶段的队员不能过于追求比赛成绩，而是要把重点放在队员的发展方面，即选取最好的训练素材促进队员更快地成长和进步。两种取材模式无论采用哪一种，所截取的训练素材可能只是一个典型比赛片段，也可能是2或3个片段，有时候一个典型比赛片段是多次训练课的素材，有时候几个典型片段共同作为一次训练课的素材。训练素材选取是保证训练质量和效果的必要前提，需要教练员具备洞察力和对队员不同时期成长要素的把握，教练员既要独具慧眼又要精挑细选。

（二）两种训练取材模式的应用

客观取材模式与主观取材模式是教练员训练取材的两种不同思维方式，在具体的训练取材过程中存在方法的灵活应用问题。客观和主观两者不是非此即彼的对立关系，而是有着很大的关联性和统一性。所谓客观和主观，都是取材于比赛中的典型比赛片段，只是前者偏向于为了比赛取胜而选取训练素材，后者偏向于为了帮助队员成长而选取训练素材，训练实践中每一个教练员都有各自不同的取材方法和习惯。采用客观或主观的取材模式对于训练的意义是不同的，关键是要看训练是为了取胜还是为了队员成长的需要，比如：队员成长很大程度上取决于教练员的引导和训练强化，教练员取材有时需要"避重就轻"地采用主观取材模式。实践中采用客观还是主观的取材模式，要考虑如下几个方面的因素。

第一，球队处于绝对优势和积分遥遥领先的情况。此时即便是职业联赛或国家队的正式比赛，出于整个赛事及更长远发展的考虑，出于保存实力的需要，出于培养年轻队员和磨合整体战术打法的需要，这时的训练取材可以更多地采用主观取材模式。第二，球队处于争夺名次和与比赛对手势均力敌的情况。此时即便对象是快速成长阶段的青少年队员，也需要把比赛取胜作为球队的第一要务，比赛要全面考验球队实力、锻炼队员心理承受能力及积累大赛经验，这些对于队员成长有更大的作用，此时需要采用客观取材模式。第三，球队处于一年训练周期中的不同阶段。一般准备期的训练是以队员全面的恢复和提高比赛能力为主，相对来讲，训练要遵循队员一年身体变化的周期性规律，训练取材要侧重基础体能和基本技术的内容，此时以采用主观取材模式为主；而处于赛前阶段或联赛中的训练，则需要以客观取材模式为主。第四，注意客观取材模式与主观取材模式的兼顾。很多时候训练取材可以做到兼顾比赛取胜和队员成长两个方面，就是在选取利于队员成长的最好训练素材的同时，兼顾比赛取胜的目标，实际上比赛取胜对于激励队员、增强信心和调动积极性都具有助力作用，做到两者兼顾的训练取材才是理想的取材模式。第五，注意使训练取材与系统训练达成统一。不仅是处于成长阶段的青少年队员需要重视训练的系统性，职业队员也同样存在着系统训练的问题。以青少年训练为例，队员的健康成长必须完成一个系统的训练过程，系统性一定体现着教练员主观的目的性。青少年队员不同的成长阶段有不同的侧重点，往往完全围绕比赛取胜的训练取材就会偏离成长目标，所以青少年球队的训练需要根据系统训练的要求，训练取材要按照教练员的主观需要选取其中利于队员成长的素材。比赛取材与系统训练并不矛盾，科学的训练可以取得训练取材与系统训练的统一，可以按照教练员的主观愿望以实现队员健康成长。

第三章
足球训练内容构成

　　足球训练内容构成与足球比赛基本要素的内容是一致的，足球比赛基本要素的内容展开就是足球训练的内容构成，就是说足球技术、战术、体能和心理内容分类的细分及再分就是足球训练的内容构成，两者只是从不同层面和深度反映足球训练的问题。

　　从足球训练包括训练和比赛两大要素的角度看，所有的正式比赛和比赛训练也是训练的内容，其中还包括综合四项基本要素的对抗训练。可能仍然有人会问，这些经过分类及细分的训练内容不就是训练素材吗？应当说所有训练内容都可以作为训练素材，但不是最好的素材。好比我们写日记，不能把遇到的事情都拿来当写作素材，那样就容易写成流水账，写日记应当选取一天中有意义和感触深的事件，把这种典型事件作为写作素材，再确定主题和写作架构及通过文字表达思想感情。足球训练也是同理，不是任意的训练内容都是好的训练素材，那些从比赛中截取的具有典型意义的比赛片段才是有价值的训练素材。把足球训练内容构成作为一个重要的理论专题，是因为教练员培养人才及具体的训练取材与加工，需要了解训练内容的整体构成及所取素材在训练内容体系中的归属，就像写日记要有生活经历及大量的衣食住行方面的体验。

　　比赛基本要素的探讨是出于我们全面认识比赛构成的需要，训练内容构成探讨是为了宏观地了解足球训练的内容范畴，同时训练各项内容的分类及其细分是为了了解足球训练所包含的具体内容。分类是遵循逻辑学的原理把足球内容做系统的归纳，是为了建立一种理论上的认知，并不能解决具体的训练内容安排的问题，就是说训练基本要素分类及其内容构成的罗列无法完全与系统训练相对接。

本章在足球比赛基本要素分类及细分的基础上，把足球训练内容构成分为正式比赛、比赛训练、技术训练、战术训练、体能训练和心理训练六个方面[1]，正式比赛启蒙阶段包括三人制、四人制和五人制比赛；初级阶段包括五人制、八人制和十一人制比赛；中级阶段包括八人制和十一人制的比赛；高级阶段只有十一人制比赛。比赛训练除了以上与正式比赛相同的内容，还包括"一对一"至"十对十"的各种等人数和不等人数的实战对抗训练内容。正式比赛与比赛训练的内容将在"足球训练方法演绎"一章做详细介绍。

以下训练内容构成是系统罗列技术训练、战术训练、体能训练和心理训练的具体内容，一方面是完整展示足球训练的内容构成，另一方面说明从比赛实战中截取的任何典型比赛片段，都可以对号入座地从训练内容的系统构成中找到其归处，清楚所截取素材的属性及其在训练内容构成中的位置。

第一节　技术训练内容构成

技术训练内容构成的探讨是要全面展示足球技术训练的所有内容，是把技术分类内容再细分。技术分类与细分是依据技术动作结构和比赛效用，以技术动作的目的为分类的依据，再把各项技术内容做系统的归纳，即把比赛中队员能够表现的所有技术都统合在一起。技术训练内容构成的阐述是按照运球、控球、假动作、传球、接球、头顶球、抢球、守门员技术和掷界外球的顺序，具体技术内容罗列统一分为单一技术动作名称和组合技术两个部分[1]。

[1]　刘夫力.小型足球运动手册[M].北京：北京体育大学出版社，2004：11.

一、运球技术及其组合技术

运球是在比赛中队员个人控球条件下，为了摆脱对手、突破对手及选择更利于传球或射门的位置而采用的用脚推拨或连续推拨的技术动作。以下分别介绍各项运球技术动作的名称和运球组合技术。

（一）运球技术

脚背外侧运球、脚背内侧运球、脚背正面运球、脚内侧运球和前脚掌拖运或拖滚运等。运球是比赛中个人控制球、突破及传球和射门之前频繁使用的技术。例如：控球摆脱之后需要快速连接运球才能形成突破；射门时常常需要通过运球逼近对方球门等[1]。

（二）运球组合技术

运球有非常多的组合技术，例如：脚的各个不同部位运球的组合；运球与各种控球、假动作、接球等技术及其各自不同部位和处理球方法的组合技术。运球技术有很多三元组合和多元组合的情况。

二、控球技术及其组合技术

控球是比赛中队员接到或抢到球的情况下，为了摆脱对手、突破对手及连接运球、传球和射门等而采用的以脚为主的使球处于自己控制范围的驾驭球的各种技术动作。以下分别介绍各种控球技术动作的名称（简称）和控球组合技术。

（一）控球技术

前脚掌提拖球之拖球置身前（前拖）、拖球置身后（后拖）；扣球之脚背外侧扣球（外扣）、脚背内侧扣球置身前（内扣）和置身后（内后扣）；前脚掌踩拉球之拉球外展转身（外拉）和拉球内收转身（内拉）；拨球之脚背

---

[1]　全国体育院校教材委员会.现代足球[M].北京：人民体育出版社，2000：60.

外侧拨球（外拨）、脚背内侧和脚内侧拨球置身前（内拨）和置身后（内后拨）；脚背内侧、脚内侧挡球置身前（内挡）和挡球置身后（内后挡或称C罗技术）；颠球之脚背正面颠球、大腿颠球、脚内侧颠球、脚背外侧颠球、肩颠球、头颠球等。控球是比赛中摆脱对手、突破对手及完成传球和射门之前频繁使用的技术。例如：控球变向摆脱对手；控球摆脱与快速运球连接形成突破；传球或射门前控球摆脱对手等[1][2]。

（二）控球组合技术

控球有非常多的组合技术，例如：各种控球技术的连续组合与技术之间的组合，各种控球技术与各种运球、假动作、接球、踢球等技术及各自不同方式方法的组合。控球技术也有很多三元组合和多元的组合。比赛中有很多常用控球组合技术，比如：单脚脚背外侧扣球和内侧扣球的组合、脚背内侧扣球置身前和扣球置身后的组合、单脚拖球置身前和置身后的组合、双脚脚背内侧连续扣球置身前或置身后的组合、双脚交替拖球与拉球的组合（齐达内马赛回旋）、双脚脚背内侧扣球与拉球的组合等。

三、假动作技术及其组合技术

假动作是在比赛中队员控球、接控球之前及无球及抢球时等各种情况下，为了摆脱对手、突破对手、抢断对手及创造传球或射门机会等而采用的各种假动作或组合假动作技术。以下分别介绍各种假动作技术名称和假动作组合技术。

（一）假动作技术

跨绕球动作之内跨和外跨（剪刀式技术）假动作；假踢动作；假控之各种假拖、假扣动作；假抢动作；上体晃骗结合假运之脚背内侧假运拨（马修斯技

---

[1] 维尔·库柏.攻击型足球训练——足球基本技术训练指南[M]. 赵振平，译.北京：人民体育出版社，1988：38-168.

[2] 麻雪田，张廷安.跟我踢[M].北京：人民体育出版社，1998：123-137.

术）、脚背外侧假运拨（罗纳尔多技术）；顶球假动作、接球假动作等。假动作技术对比赛中完成突破、控球摆脱、摆脱传球、射门等具有重要的作用，是其他任何技术无法替代的技术[1]。

（二）假动作组合技术

假动作有很多的组合技术，例如：各种假动作技术的连续组合和双脚交替组合及与各种拨球、运球、接球、踢球等技术及其各自各种不同方式方法的组合。

四、踢球技术及其组合技术

踢球是比赛中队员控球或直接面对来球的情况下，为了把球传给同伴、射门或抢前点时而采用的各种用脚击球的技术动作。以下分别介绍各种踢球技术名称和踢球组合技术。

（一）踢球技术

脚内侧踢之踢地滚球、直接踢、蹭踢不同方向的来球；脚内侧踢正面和各种不同方向来的空中球和反弹球及经支撑脚后向异侧方或侧前方的出球；脚背外侧踢地滚球，直接踢、蹭踢不同方向来球，踢弧线球；脚背外侧踢过顶球及直接踢各种不同方向来的空中球和反弹球；脚背正面踢之正面踢低平球、空中球；脚背正面踢空中球之倒钩球和侧身凌空球；脚背内侧踢低平球、过顶球、弧线球及蹭踢；脚尖捅踢和脚跟踢等。现今各种一脚直接出球的踢球技术越来越受到重视，包括各个部位直接踢不同角度和高度来球完成一脚传球或射门[2][3]。

（二）踢球组合技术

踢球组合技术非常之多，例如：各种踢球与各种控球、运球、假动作、抢

[1] 刘夫力.小型足球运动手册[M].北京：北京体育大学出版社，2004：37.
[2] 全国体育院校教材委员会.现代足球[M].北京：人民体育出版社，2000：44-51.
[3] 刘夫力.小型足球运动手册[M].北京：北京体育大学出版社，2004：64-75.

球及接球等形成二元组合、三元组合和多元组合技术；各种专门的接球与传球或射门技术的组合；踢球一般是比赛场上队员控球时的最后一次触球，训练和比赛中常用来与运控摆脱、突破、接球之后的传球或射门组合；还有脚的各个部位及各种方法的射门技术。

五、接球技术及其组合技术

接球是比赛中队员接应同伴、摆脱跑位、前插跑动及断截对方传球等无球的情况下，为了把运行中的球控制下来所采用的身体合理部位的各种停挡球的技术动作。以下分别介绍各种接球技术动作名称和接球组合技术。

（一）接球技术

脚内侧接地滚球之正面接球置身前或侧转身护球、接球经支撑脚后置另侧、脚内侧接反弹球和接空中球置身前、置身后及侧转身护接；转身让球护球接置身前或身后；脚背外侧接地滚球之正面接球置身前或身侧、转身让球扣接、转身让球跨球扣接及脚背外侧接反弹球和空中球；脚底接地滚球、转身让球护球拖接及接反弹球；脚背正面、大腿接空中球、平高球；脚背内侧接地滚球置身前、让球扣接、接球经支撑脚后置另侧、转身让球护球接置身前或身后；胸部的挺胸式和收胸式接球、腹部接球和头部接球等。接球多数是比赛中连接运控球、突破、传球、射门等的中间环节，高水平队员常常在接球的同时完成各种转身摆脱、推拨摆脱及推接蹚带突破等[1]。

（二）接球组合技术

接球有非常多的组合技术，例如：各种接球技术与接球前与各种跨球、假踢、假运和假接等假动作组合及接球后与各种控球、运球、假动作和踢球等组合，接球技术可以形成很多的二元组合、三元组合和多元组合技术。

---

[1]　谭华俊.足球教学与训练[M].广州：广东高等教育出版社，1993：27-32.

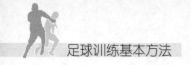

六、头顶球技术及其组合技术

头顶球是比赛中面对高空来球及平高球或反弹球的情况下，为了争取第一时间及在高点或前点触球而用头部完成传球、争顶或射门的击球技术动作。以下分别介绍各种头顶球技术名称和头顶球组合技术[1]。

（一）头顶球技术

原地前额正面顶、前额侧面顶；跑动前冲、后退和单脚跳起、双脚跳起前额正面顶、前额侧面顶；原地、跑动前冲倒地头顶球、鱼跃头顶球。头顶球技术一般是直接一次触球处理球，包括传球、射门、争顶和解围几种情况。

（二）头顶球组合技术

头顶球个人完成的组合技术不多，可以与无球技术或战术行动相互组合。一般设定在特定的比赛场景下练习，训练有很多与队友搭配的传接球、射门等技术组合。

七、抢球技术及其组合技术

抢球是比赛中处于防守而接近对方控球队员的情况下，为了能够把对方控制的球抢下来、截获、破坏掉及直接传给同伴或射门而采用的用脚及其他合理部位的抢、断、拦截等技术动作。以下分别介绍各种抢球技术动作名称和抢球组合技术。

（一）抢球技术

正面脚内侧、脚背外侧堵抢和断抢；合理冲撞抢球；正面铲抢之单脚盘腿脚底铲抢；侧面铲抢之异侧脚脚内侧或前脚掌铲抢、同侧脚脚背外侧铲抢等。防守的断球和拦截多用踢球、接球、头顶球和运控等技术完成。抢球是由守转

---

[1]　刘夫力.小型足球运动手册[M].北京：北京体育大学出版社，2004：106-111.

攻及争取比赛主动重要手段[1][2]。

（二）抢球组合技术

抢球的组合技术非常多，例如：各种抢球技术与各种控球、运球、假动作及踢球的组合等。快速和对抗中的各种抢球后应急的随机组合技术。

八、守门员技术及其组合技术

守门员技术是一种特殊技术，是比赛中守门员保证球门不失、接应同伴、组织进攻及抢球和断截对方传球等所采用的各种技术动作，其中的主要技术是用手和脚的各种接球和挡球技术。以下分别介绍各种守门员技术名称和守门员组合技术。

（一）守门员技术

无球技术的准备姿势、前后移动、左右滑步移动、交叉步移动等；用手接球技术的正身接高平球、正身接低平球、正身接高球、站立接地滚球、单腿跪接地滚球、单脚跳起接高球、双脚跳起接高球、侧身接平直球和低平球；挡击托球技术的单手侧身挡球、双手侧身挡球、双手正身挡高球、平直球和地滚球技术、脚内侧挡球、脚内侧铲挡、单手击球、双手击球、单手托球、双手托球；扑接球技术的前扑前伸和收抱接、侧扑接地滚球、鱼跃侧扑地滚球和平高球、鱼跃拖球和击球；接球组织进攻技术的单手下手抛球、单手肩上抛球、单手甩抛球、抛踢反弹球、正身抛踢球、侧身抛踢球等[3]。

（二）守门员组合技术

守门员的组合技术包括各种无球的准备姿势和移动与各种接球技术的组

[1]　刘夫力.小型足球运动手册[M].北京：北京体育大学出版社，2004：52-56.

[2]　全国体育院校教材委员会.现代足球[M].北京：人民体育出版社，2000：66-67.

[3]　全国体育院校教材委员会.现代足球[M].北京：人民体育出版社，2000：189-191.

合；各种即兴和应急的连续接球组合；各种接球、接球后移动及各种手抛和脚踢发球的组合；还有守门员进攻时接应回传球发挥支点作用，以及与场上队员很多同样的传接球组合技术。守门员除了训练全面的各种接球技术之外，练习即兴和应急的组合技术是必不可少的内容[1]。

九、掷界外球技术

掷界外球技术包含原地双脚左右开立、原地双脚前后开立和助跑掷界外球技术。

第二节　战术训练内容构成

战术训练内容构成是要全面展现足球战术训练的所有内容。战术训练内容首先是按照进攻和防守两个体系分类，进攻和防守都是按照个人战术、小组战术、局部战术、整体战术和定位球战术分类及再细分，细分是依据战术配合或个人行动的形式及其行动顺序进行划分。把细分的内容归纳成序，即把比赛中球队能够表现的所有战术配合和个人战术行动统合在一起。以下战术训练内容构成包括一些对具体战术内容的解释，是为了弥补我国以往足球训练教材战术部分内容的缺漏和不足。

一、进攻战术及其内容细分

进攻战术是球队比赛进攻时为了克敌制胜而采用的各种进攻的策略性方式方法。进攻战术的分类主要是依据参与战术行动的人数多少，还有一种死球状态下的定位球进攻战术。由此进攻战术内容构成可做如下分类，即个人进攻战术、小组进攻战术、局部进攻战术、整体进攻战术和定位球进攻战术共五大

---

[1]　刘夫力.小型足球运动手册[M].北京：北京体育大学出版社，2004：120-130.

类。以下把每一类进攻战术再分为概念解读和内容细分分别进行探讨。

（一）个人进攻战术及其内容细分

1．个人进攻战术概念解读

个人进攻战术是比赛中进攻队员为了取得进攻主动或达到某种进攻目的而采取的带有策略性的个人技术运用或行动。一般包括通过个人运控、突破、传球、接球、射门、头顶球、守门员、无球队员行动等形式完成个人进攻战术[1]。

以上每一种个人进攻战术运用都可以采用不同技术方法及改变速度和距离，如"个人运控战术"中的"空当运球"一项内容，包括向前直运、横向运及向后回运，包括慢速运、快速运和变速运，包括短距离运、中距离运和长距离运等情况，每一个细节变化都具有不同的意义及产生不同的战术效果。据此可知个人进攻战术的多样和可变，而且每一种个人战术又都可以相互组合及多元组合，由此可以推断个人进攻战术的内容肯定是极其多样、丰富和变化无穷的，以下的诸多个人战术内容只是一种笼统的罗列。个人战术的多样性和多变性，作为教练员需要了解和掌握其中的原理，了解个人战术的内容及其组合形式是无穷无尽的。但实际的训练过程并不复杂，比赛场上的任何技术运用和无球行动都具有个人战术意义，只需要根据比赛的实际，结合比赛场景和利用直观方式指导队员采用正确的个人战术方法。队员个人战术能力的提高需要训练强化和长期训练的积累，这需要教练员有耐心，又要有指导艺术。教练员需要注意的是技术训练要与个人战术训练同步，而不要相互脱节和有前后顺序，也就是技术训练一定要与技术的实战运用同步。

2．个人进攻战术内容细分

个人运控战术：空当运球、对人运球、运球吸引防守、运球推进、运控摆脱、连续控球摆脱等及与突破、传球、射门等个人战术的组合运用。

个人突破战术：突破超越对手、快运突破、利用空当强行突破、连续突

---

[1]　孙民治.足球[M].北京：高等教育出版社，1990：102.

破、突破打乱对方防线及突破与传球、射门、运控等个人战术的结合运用。

个人传球战术：对脚下传球、空当传球、快速抢传、逼近对手传球、转移传球、渗透传球、隐蔽传球、回传横传及传球后与各种无球个人战术行动的连接。

个人接球战术：接球推进、接球停稳、假踢接球、接球转身变向、推接球直接摆脱、推接球直接突破及接球与传球、突破、运控、射门等个人战术的结合运用。

个人射门战术：远距离射门、快速抢射、假射再射、假射真传、推进射门、强行射门、假射突破或摆脱射门、一脚射门、一接一射及射门与突破、传球、运控等个人战术的结合运用。

个人头顶球战术：高点前点顶传、高点前点顶射及顶球后与无球个人战术行动的连接。

守门员进攻战术：现今的守门员在具备接、挡球技术的同时，必须具备各种运控、传球、接球、头顶球等技术及无球的接应的能力，守门员个人战术是全队战术的重要环节。

个人无球进攻战术：站位、接应、摆脱、前插是四种主要的无球个人战术行为，有时候两种或三种无球行动结合运用，各种无球行动需要随时随地与以上的传球、接球、射门和头顶球等有球个人战术相结合运用。站位是为了整体的需要而占据有利位置，包括基本站位、移动站位、卡位站位、抢身站位；接应是为控制球队友创造传球线路而起到声援和支持作用，包括角度接应、靠近连接接应、远离反拉接应、拉开接应等；摆脱的目的是突然挣脱防守的盯防而获得宽松接球机会或声援控球的队友，包括要球摆脱、牵制摆脱、抢位摆脱和连续摆脱等；前插的目的是创造向前推动进攻及突破对方防线和威胁对方的机会，需要利用对方防守疏漏而出现的短暂的防守空当，包括反击前插、控传中前插、配合前插和二空当前插等，前插线路前文已经讲过[1]。

---

[1] 引用2009年以来中国足球协会D级教练员培训讲义的无球战术行动内容。

（二）小组进攻战术及其内容细分

1．小组进攻战术概念解读

小组进攻战术是比赛中进攻方由2~3名队员组成临时行动小组，持球队员利用合理技术及无球队友的支持，策略性地取得进攻主动或达到某种进攻目的的配合行动[1]。小组进攻战术一般包括2~3人之间的控传、插传、传插、墙式、后套、交叉、轮转、间接传球、三人配合等形式[2]。

以上每一种小组进攻战术都是进攻队员之间相互连接及形成配合的纽带，而且每一种配合方式都适用于任何场区且各有多种不同的方式方法，每一种配合又都可以连续使用，任何两种、三种配合都可以结合使用。当然，每一种小组进攻战术又都可以随时随机地变为个人进攻战术，而且有着无数的变化可能。可见，比赛过程中任何一个小组进攻战术都是以队员个人技术和个人进攻能力为基础的，小组配合是一种有效的进攻方式，但也需要随时随机做出改变，或者由小组配合变为个人战术行动，或者反之，总之小组进攻战术运用的形式和方法肯定是更为丰富和多样的。

2．小组进攻战术内容细分

小组控传战术是进攻方2~3名队员之间通过传接球控制球权和比赛节奏，以确保不失去球权为主要目的的战术配合行动。小组控传战术包括控传过程中球向前推进、向左右转移及向后回传移动等形式，是以保证控球权为主要目的。

小组插传战术是进攻方两个进攻队员之间利用一插一传的方式突破对方防线的一种进攻配合行动。小组插传战术是以插上带动传球，插上包括直插、斜插、横插及极少情况下的回插等形式，插传战术显然是为了突破对方防线。

小组传插战术是进攻方两个队员之间利用一传一插的方式突破对方防线的一种进攻配合行动。小组传插战术是以传球带动插上，传球包括直传、斜传、横传

[1]　克里斯托夫·鲍森魏因.勒夫：美学家，战略家，世界冠军[M]. 北京：北京出版社，2016：53.

[2]　引用2009年以来中国足球协会C级教练员培训讲义的小组战术分类方法。

和回传等各种传球形式。以上插传和传插小组配合都有渗透传球运用的情况。

小组墙式配合战术是进攻方2~3名队员之间，在持球队员传球给做墙队员之后即刻前插或有另外一名队员前插超越对方，做墙队员一脚回球给前插的队员而完成突破对方防线的配合行动。墙式配合战术的前插包括向前的直插、斜插及由边路向中路的横插，传球和做墙回球都包括直传、斜传和横传的情况，比赛实战中有时候也利用回传做配合，比如回传反切的墙式配合。

小组后套配合战术是进攻方一个队员运球推进或原地持球向对方，另一个进攻队员从一侧经持球队员身后向另一侧跑动并视机前插，是一种利用跑位变化突破对方防线的配合行动。后套配合也称套边配合，原本多在边路进攻时使用，是由中间向边路队员身后跑动的配合。现今的比赛中，已经基本不分边路与中路，而是进攻一方随时随处可以采用，后来统一称为后套配合。小组后套配合的关键是把握和利用好前插的时机，持球队员需要根据同伴前插超越对手前的瞬间做出传球或变向突破的选择。

小组交叉配合战术是进攻方相邻位置的2~3名队员之间，利用相互换位的跑动或一个跑动一个运带球的交叉，使对方防守产生疏漏而创造一插一传或运带突破对方防线的配合行动。交叉配合战术又有多种不同的分类方法，例如：按照交叉队员有球与无球划分，可分为无球交叉配合和有球交叉配合；按照跑动移动方向划分，可分为左右交叉配合和前后交叉配合；按照交换与不交换控球划分，可分为交换控球交叉配合和掩护交叉配合；按照交叉移动所呈线路形状划分，可分为直线对接交叉、十字交叉和X交叉；其中的X交叉按照向前移动和向后移动划分，又可分为向前X交叉和向后X交叉等。交叉配合在比赛实战中需要两个交叉跑动队员的高度默契，也有三人共同完成配合的情况。特别值得一提的是，有球的直线对接交叉配合，是作为C级教练员培训的一个训练主题，也是比赛实战中重要的进攻手段，一般是持球队员在对手近身逼抢情况下，二人对接交叉需要根据场上情况随机决定是否交换控球。

小组轮转配合战术是进攻方相邻的2~3名队员之间，利用顺时针或逆时针同方向的轮转跑动或其中一人带球的协同跑动，扰乱对方防守而创造本方控球或突破对方防线机会的配合行动。轮转配合战术可分为有运带球的轮转和无球跑动的轮转，也可分为二人轮转、三人轮转和四人轮转，小组轮转配合往往可以创造出多个进攻机会和传球路线。交叉配合和轮转配合跑动，常常出现由第一人跑向空当而创造出第二空当，及第二人跑动而创造出第三空当，由此可以打出进攻的"二空当传球"和"三空当传球"的配合。

小组间接传球战术是进攻方控球队员发现传球目标而传球路线受阻，此时把球传给另外一个有传球线路的同伴，利用间接快传把球传给目标队员的配合行动。比赛场上会有很多这种传球目标线路受阻的情况，此时也常常会出现另外一个适合做间接传球人的同伴，为了达到预期的进攻目的，小组的间接传球是必须利用的配合战术。这种间接传球的目标会有很多的不同，可以是得分手或前场的重点队员，也可以是中场的组织核心队员或后场负责反击长传的队员等。

小组三人配合战术是进攻方在中前场区域相邻的三个队员之间，综合利用各种个人战术、二人战术在不同队员之间的变化和转换，造成对方防守的漏洞而形成突破及对对方形成威胁的三人之间的配合行动。小组三人配合要以三人之间熟练的控传配合为基础，以具备各种个人进攻战术和二人进攻战术配合能力为前提，在三人控传过程中随机寻找插传、传插、墙式、后套、交叉及个人突破、渗透直传等机会，如"插插套""套套插""插套插""交叉后套"等三人配合模式[1]。

（三）局部进攻战术及其内容细分

1. 局部进攻战术概念解读

局部进攻战术是比赛中进攻方在局部场区范围为了取得进攻主动或达到某种进攻目的而采取的带有策略性的团队协同配合的行动，一般由4~8名进攻队员共同参与。局部进攻战术包括后场控传、中场组织、区域突破、区域快攻、

---

[1] 引用2009年以来中国足球协会C级教练员培训讲义的三人小组配合进攻内容。

中路区域进攻、边路区域进攻、局部转移进攻等形式[1]。

以上各种局部进攻战术形式是介于小组进攻与整体进攻之间的重要团队进攻形式，局部进攻战术已经体现出一定的整体进攻的特点，而且每一种局部配合进攻方式都是整体进攻的重要基础和组成部分。局部进攻战术有着明显的场地区域特征，各个区域配合之间有着密切的关联和转换关系。比赛局部进攻战术需要以小组进攻及个人进攻能力为基础，局部进攻配合是一种重要和有效的进攻方式。当然，每一种局部进攻战术又都可以随时随机地变为小组进攻配合和个人进攻战术，比赛中需要随时随机地做出改变。

2．局部进攻战术内容细分

局部后场控传进攻战术是进攻方在本方后场区域采用稳妥的控传进攻方式，是在保证控球权的前提下寻找机会向前推进的局部区域团队配合行动。后场控传是当今所有高水平球队必须具备的局部进攻战术能力，要求避免无谓失误和盲目向前开大脚，包括从守门员抛发球、发球门球、后场掷界外球和后场抢球成功之后而开始的一段进攻状态。后场控传进攻战术需要两个中卫拉开站位、两个边后卫拉边及适当前压、两个后腰大范围有序接应，守门员必须担当一个重要的接应点，有时候边前卫或前腰队员也要参与接应。这样足可以应对对方3~5名队员的前压抢堵，如果对方压上的投入人数增多，则必然会造成后防的空虚和防守力量削弱。后场控传的局部发动进攻阶段，需要依靠队员之间的拉开、大角度接应、深度接应、灵活跑位接应摆脱、个人运带球及守门员接应等多种手段的运用，当然，后场控传局部战术要有一个专门的训练过程和一套专门的训练方法。

局部中场组织进攻战术是进攻方经过后场控传把球推进到中场，在中场区域保持控球权和有序的状态而有组织地向对方门前及其两侧推进的区域配合行动。中场组织是球队进攻的重要环节，强有力的中场组织能够更准确、高效和快速地完成向对方门前推进的过渡。中场组织一般需要头脑聪明、视野开阔、

---

[1]　引用2014年以来中国足球协会B级教练员培训讲义的局部分类内容。

善于应变和脚法细腻的队员担任核心，现今的控制球打法要求避免盲目地向前，所以中场组织在继续保持控球权的同时，要求前场的前锋队员呼应卡位要球和跑位要球，也需要前卫和边后卫队员参与前场的接应和前插。中场组织也需要经过专门的训练过程及采取一系列有针对性的训练方法。

局部区域突破进攻战术是进攻方在通向对方门前的某个局部场地范围，有针对性地采用某些个人战术或小组战术配合手段突破对方防线而向球门逼近的局部团队配合进攻行动。区域突破进攻战术包括通过中场之后的中路、两个肋线及两个边路五个场区，任何一支球队各个位置队员的能力和特点都是不同的，所以一个球队需要根据本队和对手的具体情况而确定局部区域突破的战术。区域突破的成功需要通过个人和小组进攻战术的运用及其灵活变化，区域突破会根据球队风格特点及队员个人特点的不同而不同。区域突破的线路也有不同：有的主要在中路，有的则主要在边路或某一边；有的球队可能主要依靠个人突破，有的球队则更多依靠小组配合突破。局部区域突破进攻需要经过长期、系统的训练，任何强队都需要具备全面和多点进攻的能力。

局部区域快速进攻战术是进攻方在某一局部范围采用突然、简捷和快速的方式向对方球门逼近，无论是个人突破还是直线插传、传插及其他小组进攻方法都要坚决、快速，带有一定的冒险性，是一种以快速为特点的局部区域的进攻行动。区域快速进攻可以包括在本方的后场、中场的任何地点为发起点，主要是要抓住对方防线的漏洞或防守空当较大的短瞬时机。区域快速进攻一般有很大的冒险性或有较高的失误率，但一旦进攻成功就会对对方形成很大的威胁。区域快速进攻最重要的还是要有速度快和具备突击能力的冲锋陷阵的队员，也需要培养头脑和技术优秀的发动快攻的组织核心。区域快速进攻需要在全面技战术练习的基础上，进行更加具有针对性和需要更多强化的练习。

局部中路区域进攻是进攻方多人参与的在通向对方球门的中路场区范围专门设定和采用各种个人和小组进攻战术以突破对方中路防线的团队配合进攻行动。中路区域进攻是通向对方球门最直接的途径，但往往对方防守投入的人数多且防线人员密集，进攻难度相对较大。一般只有在防守反击时会出现短时的以多攻少或人数相等的情况，也只有此时可以采用简捷、快速的突破或简单配合的进攻方法。多数情况需要在组织进攻过程中寻找机会，并随机地采用个人或小组进攻战术，所以中路区域进攻需要球队具备较强的整体实力，参与进攻的每个人都具备个人进攻的能力及与队友形成小组配合进攻的能力。所以中路区域进攻的球队必须经过长期磨合和达到训练有素，具备整体实力及全方位进攻的能力。

局部边路区域进攻是进攻方在两侧边路区域主要以边路队员参与，采用各种个人和小组进攻战术突破对方边路防线，形成向对方球门推进的团队配合进攻行动。边路区域一般防守人数相对较少，防守力量相对薄弱，相比之下边路进攻的难度不大，但边路进攻成功之后还需要有传中或继续由边路向中路推进，才能够对对方形成威胁和射门。边路区域的进攻作为球队整体进攻的组成部分，无论是防守反击还是控传推进，边路进攻都是一个重要的选择，任何球队都必须重视。边路区域的进攻一般空间较大，以利用速度突破和边前卫或边后卫插上进攻的方式为主，当然，其他各种个人进攻战术和小组进攻战术都适用于边路进攻，特别是小组后套进攻配合更适用于边路进攻。

局部转移进攻是进攻方在中前场某一区域进攻受阻或无法打开局面时，有意识地避开对方防守稳固的地带，通过传球把球转移到对方防守相对薄弱地带的局部配合行动。转移进攻是局部进攻战术的重要内容，也是一种巧妙的进攻策略，在足球场上局部范围同样有避实就虚、声东击西的战术配合套路，转移进攻就是达到这种战术目的的有效途径。转移进攻有各自不同的情况，包括主动转移、被动转移，随机转移、设计转移等不同的情况，但转移进攻还是需要一定的专门练习过程，有时候需要深度吸引防守向一处集中，之后突然采用转移进攻及快速推进的方法。

（四）整体进攻战术及其内容细分

1. 整体进攻战术概念解读

整体进攻战术是比赛中进攻方在整个比赛场地范围，全体场上队员共同参与的为取得进攻主动和达到进攻目的所采取的策略性的整体协同配合行动。整体进攻战术包括控传进攻、阵地进攻、长传进攻、快速反击、快速进攻、中路进攻、边路进攻、转移进攻等形式。整体进攻战术需要经过周密设计和长期训练的过程[1]。

以上各种整体进攻战术形式是大体上的全队整体进攻方式方法的罗列，任何训练有素的球队都不可能单一地采用某一种整体进攻战术，而是要尽可能地综合地采取各种进攻战术，并且在各种战术之间可以灵活变化。但高水平的球队一定有自己的整体进攻特点和风格，而这一特点和风格的体现就是某一种进攻战术的特殊优势和攻击力，任何足球队的整体进攻都会体现出明显的局部团队配合的特点。球队要达到世界强队的水平及形成整体进攻的特点，一定是以系统的青少年训练为根基，以队员全面和扎实的个人技术、个人战术及小组配合进攻能力为基础。整体进攻特点及形成强大的攻击力需要扎扎实实的积累，而且整体进攻往往起决定性作用的是个人完成关键性突破、摆脱、助传及射门的能力。

2．整体进攻战术内容细分

整体控传进攻战术是进攻方整体上采用稳妥的控传进攻方式，在保证控球权和有序的前提下有组织地向对方门前推进的球队整体性的进攻配合行动。包括后场控传阶段、中场组织阶段及通过中场后各个局部区域的进攻战术配合行动。整体控传进攻对球队的技术要求较高，要求经过长期系统的训练及形成细腻的脚法和整体协同配合，当然肯定是以全面的个人进攻战术和小组进攻战术为基础，特别是到对方门前的密集防守区域，更需要进攻队员即兴和创造性利用个人能力和小组配合完成最后一击。这种进攻战术是所有高水平强队必须具备的基本能力，是一种发展趋势。

整体阵地进攻战术是进攻方整体上采用以短传配合向前推进的进攻方式，是一种讲求技术和追求控制权而避免大脚长传进攻，以控制比赛及在稳妥中寻

---

[1]　引用2012年以来中国足球协会A级、职业级教练员培训讲义的整体战术分类内容。

找突破机会的整体性的进攻战术配合行动。阵地进攻战术需要从后场开始稳妥传递和组织进攻，整体上要求队员技术细腻、脚法灵活、速度和节奏多变，相对对队员的全面的基本技术和细腻的小组配合要求高，整体协同性强、团队默契，善于利用狭小空间，反抢速度快，需要有传统和扎实的控传基础，一般技术型强队较多采用。

整体长传进攻战术是进攻方整体上采用以长传向前推进为主的进攻方式，是一种不追求控制球而是尽可能把球打到对方半场，尽可能地在对方半场展开拼抢及寻找破门机会的整体性的进攻战术配合行动。长传进攻战术也需要一定的后场传递和组织进攻，但整体上是体现粗犷、力量和速度的打法，相对对队员全面的基本技术要求和细腻的小组配合要求不高，但需要前锋队员拥有高度、强壮体魄、冲击力、防守抢球等方面的能力，在大型比赛中弱队遇到强队、对方速度和高度不足及强队处于某种战术需要时，仍然有很多球队会采用长传进攻的战术。

整体快速反击进攻战术是进攻一方的整体进攻以稳妥或稳固的防守为前提，强调在获得球权的时候以最快速度发起进攻，是一种以防守不失球和抢球成功后的快速进攻为主导的整体进攻战术。防守反击进攻现在已经不是传统意义的龟缩在本方半场或门前的防守，而是包括高位和中场高位的防守反击。防守反击进攻特别强调的是反击刹那要利用和抓住对方进攻时阵线拉开的空隙和空当，在短时间内形成对对方薄弱点的攻击，一般防守反击投入进攻的人数不多，主要是以速度取胜，反击不成要迅速形成防守阵型。防守反击进攻也是一种比赛进攻和取胜的策略，有时候强队对弱队也采用防守反击战术。运用防守反击战术的选择，需要有适当的进攻人选及参与反击人员的默契，也需要进行专门的训练。

整体快速进攻战术是进攻方所有的进攻都要以最快速度向对方门前推进的进攻方式，一旦进入进攻状态都是追求和保证以最快速度为前提，是一种以速度为核心和带有冒险性的整体进攻战术配合行动。快速进攻战术的方法包括个人快运和快速突破、小组配合突破、长传进攻等，一般要求球队有速度快的队员，队员要以灵巧见长、处理球简捷迅速，快速进攻打法需要队员具备良好的个人技术和熟练的配合能力，向前的推进、插上和直传表现坚决和果断。当然高效地贯彻快速进攻战术有一定的难度，需要球队长期训练的积累，甚至需要有一定的传统根基。

整体中路进攻战术是进攻方主要以通过中路向对方门前推进的战术，是围绕从中路而展开各种个人和小组进攻的方法而完成整体进攻的战术。前文已经对局部中路进攻战术问题做了详细的阐述，整体中路进攻战术是从更宏观的战略角度而选择进攻的方法与路径问题，是根据本队的优势、队员特点、传统及教练员的喜好等而确定的进攻线路。所谓整体中路进攻战术并不代表全部的进攻都一定是通过中路，也会有很多通过边路而完成的进攻。整体的中路进攻与局部中路进攻的方式方法和套路基本是一样的，只是宏观和整体进攻的设计的不同。

整体边路进攻战术是进攻方整体上主要以通过边路向对方球门推进的战术，是比赛中围绕边路展开各种个人和小组进攻配合而完成整体进攻的战术。整体的进攻无非是通过从中路或两个边路而向对方门前推进，边路进攻是任何等级球队整体进攻必不可少的组成部分，一个球队同样要根据本队的传统、队员特点、整体实力及对手特点等而确定边路进攻的设计，选择中路进攻为主还是边路进攻为主，需要教练员根据主客观的具体实际而定，在国际大赛上很多球队仍然采用以边路进攻为主的战术。

整体转移进攻战术是比赛进攻方在局部受到防守逼压及进攻受阻而无法打开局面时，通过组织调度有意识地避开对方防守稳固的区域，把球转移到对方防守相对薄弱区域的整体性配合行动。转移进攻是整体进攻战术的组成部分，是一种重要的进攻策略，整体转移进攻是克敌制胜的有效途径。整体的转移进攻包括大范围的从一边到另一边的长传转移及中转边、边转中的中距离转移，转移进攻可以是一脚完成中、长传转移，也可以采用快速的连续短传转移的方法。整体的转移进攻是突然和快速改变推进线路的进攻方法，也需要一定专门训练的强化。

（五）定位球进攻战术

定位球进攻战术是比赛中进攻方在比赛开始或比赛成死球之后，由非比赛状态进入或重新进入比赛状态时而采取的带有策略性的团队协同配合的战术行动。由于定位球进攻战术往往具有很大的威胁性和很高的得分率，所以也越来越受到重视。定位球进攻战术包括任意球进攻、角球进攻、掷界外球进攻、中圈开球进攻、球门球进攻、罚球点球战术。其中任意球、角球和掷界外球具有更丰富的战术内容，需要在后续的"足球训练丛书"里做详细的阐述和分析。

二、防守战术及其内容细分

防守战术是球队比赛防守时为了限制和削弱对方进攻而采用的各种带有策略性的方式方法。防守战术同样是依据参与战术行动人数多少分类的，还有一种在死球状态下的定位球防守战术。由此防守战术内容构成可做如下分类，即个人防守战术、小组防守战术、局部防守战术、整体防守战术和定位球防守战术共五大类。以下把每一类防守战术再分为概念和内容细分分别进行探讨。

（一）个人防守战术及其内容细分

1．个人防守战术概念

个人防守战术是比赛中防守队员为了取得防守主动或达到某种防守目的而采取的带有策略性的个人防守行动。一般包括通过个人选位、盯人、保护、逼压、延缓、抢断、反抢等行动完成个人防守战术[1]。

2．个人防守战术内容细分

个人选位战术包括对人盯防选位和对位保护选位。对人的盯防选位包括对有球对手盯防选位和对无球对手盯防选位，对位保护选位包括小组协防保护选位与整体防守保护选位。个人选位还有很多的细分及具体情况，如果是对有球对手

---

[1] 引用2009年以来中国足球协会D级、C级教练员培训讲义的防守战术内容。

的选位还包括有无队友保护、队友位置、边路还是中路、离球门远近、对手特点等。选位常常与盯人、保护、逼压、延缓、抢断等个人战术组合或变换运用[1]。

个人盯人战术包括区域防守盯人和专门盯人。区域防守盯人包括对有球对手盯人和对无球对手盯人，专门盯人包括紧逼盯人和松动盯人及对手有球时盯人和无球时盯人。其中区域防守对有球对手的盯人又包括紧逼盯人和松动盯人及各种盯人时的队友位置、边路还是中路、离球门远近等，盯人常常与选位、保护、逼压、延缓、抢断等个人战术行动组合或变换运用。

个人保护战术包括对人保护和对位保护。对人保护又包括无球时对相邻队友的保护和队友抢球或逼压时对队友的保护，对位保护又包括小组防守时的对位保护和整体防守时的对位保护。每一种个人保护同样可以有很多细分的情况，而且个人保护常常与选位、盯人、逼压、延缓、抢断等是统一的关系，或者是可以组合或变换地运用。

个人逼压战术包括对有球对手逼压和对无球对手逼压。对有球对手逼压和无球对手逼压又都分为紧迫逼压和松动逼压，每一种逼压又都可以细分，而且个人逼压常常与选位、盯人、延缓、抢断等个人战术结合运用。

个人延缓战术包括一对一延缓、一防二延缓和一防多延缓。个人延缓主要是在个人以一防多不利情况下，占据里线合理位置，以适当后退缓冲对方进攻速度而等待队友回防。个人延缓要以选位、盯人、逼压为前提，等待时机变被动为主动。

个人抢断战术包括视机抢断和主动抢断。视机抢断又包括对手失误瞬间、防守人数占优时和比分落后时等，一般是指在后场或门前；主动抢断一般是指在对方半场、离球门较远的边路及有队友保护的情况下所采用的积极主动的抢断方法。个人抢断必须与选位、盯人、逼压等个人战术结合运用。

个人反抢战术是在自己或邻近队员进攻失误或失去控球权的瞬间采用的积极、主动和快速的抢球行动。反抢不仅有较高的成功率，而且可以增加对对方的

---

[1] 全国体育学院教材委员会.足球[M].北京：人民体育出版社，1994：146.

威胁。个人反抢是个人战术行动，也是整体战术的重要组成部分。

（二）小组防守战术及其内容细分

1．小组防守战术概念

小组防守战术是比赛中防守方由2~3名队员组成临时行动小组的基础上，利用队员之间协同的防守行动和相互支持，策略地取得防守主动或达到某种防守目的的配合行动。小组防守战术包括2~3人之间的二人协防、交叉换位、三人协防、二人夹抢、三人围抢[1]。

2．小组防守战术内容细分

小组二人协防战术是防守方两个相邻队员一人逼近或上抢对方持球队员时，另一人呈适度的拖后斜线站位，二人一前一后起到保护作用而利于队友被突破时补位。二人协防一般在本方后场及门前采用，在防线前压扩大防区的时候，在中前场也采用二人协防。

小组补位与换位战术是防守方两个相邻队友之间呈协防占位，靠近对方持球队员的队友被对手突破时，协防保护队友补充上来继续防守对方持球的对手，被突破队员再做协防保护。交叉换位同样多在本方半场及门前采用，现代高水平比赛各个场区都有频繁换位。

小组三人协防战术是防守方三个相邻队友之间的相互配合防守，一般是两个靠近对方有球队员的人呈二人协防站位，另一人照看大局或全局保护防线。三人协防一般是指球队的最后一道防线处于三人防守的时候，三人协防相对更加复杂和变化多，需要经过长期专门的训练。

小组二人夹抢战术是防守方两个相邻队员相互协调配合的防守战术行动，是二人同时对对方持球队员从不同方向实施抢断或夹堵。以往夹抢多发生在本方半场及靠近边线和底线的地方，随着足球比赛争夺越来越激烈，二人夹抢配合行动已经成为常规或随时随地被运用的战术配合行动。

---

[1] 引用2009年以来中国足球协会C级教练员培训讲义的防守战术内容。

小组三人围抢战术是防守方三个相邻队友共同配合完成的防守战术行动，是三人同时对对方持球队员从不同方向实施堵抢的配合行动。现代高水平的足球比赛，大量地采用二人夹抢和三人围抢的小组防守战术配合行动，而且已经成为球队争取主动、控制局面及获取球权的重要手段。

（三）局部防守战术及其内容细分

1．局部防守战术概念

局部防守战术是比赛中防守方在局部场区范围为了取得防守主动或达到某种防守目的而采取的带有策略性的防守协同配合行动，一般由4~8名防守队员共同参与。局部防守战术包括后卫线协防、4~8人局部区域防守、前场局部围夹、中场局部围夹等内容。

2．局部防守战术内容细分

局部后卫线协防战术是防守方3~5名后卫队员处于最后一道防线时的防守配合，是根据对方进攻线路、投入人数、球的位置等后卫队员各自采取的防守个人战术行动与小组配合行动，共同形成平行并相互协防与保护的防守链条。后卫线的站位是整个球队防守阵型移动的坐标，整体防守阵型移动变化要以后卫线的站位和移动为参照，后卫线平行站位的间距是根据距离球门的远近而定，由远至近按照"漏斗原理"的标准。根据对方进攻所在区域的变化而整体地左右移动及漏斗式"前张后缩"变化，每个队员都要兼顾防守区域和相邻队友的移动变化，呈整体移动变化而形成一个防守链条。每名防守队员都不采用盯人的防守，对手交换位置则采用换防的方法，这样的防守节省体力，有利于形成二人夹抢和三人围抢[1]。

局部区域防守战术是防守方靠近本方球门一侧的4~8名队员，在局部区域所采用的区域防守配合行动。局部区域防守战术是以后卫线协防为基础，所有

---

[1]　克里斯托夫·鲍森魏因.勒夫：美学家，战略家，世界冠军[M]. 王凤波，译.北京：北京出版社，2016：37.

参与防守的队员都不采用传统的盯人战术，而是采用区域盯人的方法。所有参与区域防守的队员都以后卫线的移动为坐标和向导，进行整体移动，对方队员进入谁的防守区域，就由谁来负责盯防。局部区域防守战术包括三或四后卫加一个或两个后腰的4~6人的配合、五后卫加一个或两个后腰的6~7人的配合，还有再加一个或两个前腰和边前卫的6~8人的配合等。

局部前场围夹战术是防守方在前场由4~8名队员共同参与，以主动、积极的夹抢或围抢及封堵对方传球线路和实施断截的前场区域团队防守配合行动。前场围夹战术也称高位局部围夹防守战术配合，是一种积极的防守战术，是高水平球队需要具备的团队战术配合能力，需要多人参与及默契配合，特别需要行动步骤的一致，比如：6~8人的前场围夹，一般是2~3人参与围夹的抢球行动，2~3人参与不同距离封堵和断截传球的行动，2人参与对方长传的断截行动。围夹战术行动是局部的团队配合行动，需要高度的协同统一，需要通过专门的训练和长期的配合。前场围夹战术前端的前锋要切断对方回传线路，要在前场高位实施围夹，主要是要形成局部区域的防守人数优势，此时并不强调阵型的排列。

局部中场围夹战术是防守方在中场区域由4~8名队员共同参与，以积极、主动夹抢和围抢及封堵对方传球线路和实施断截的中场局部团队防守配合行动。中场围夹战术的实施也需要切断对方的回传线路，但由于距离本方球门较近，后卫线需要在保持良好的防守阵型的基础上，再向中场施压及封堵传球线路和采取断截行动。

（四）整体防守战术及其内容细分

1．整体防守战术概念

整体防守战术是比赛中防守方在整个比赛场地范围，全体场上队员共同参与的为取得防守主动和达到防守目的所采取的策略性的整体防守协同配合行动。整体防守战术包括回缩区域防守、前压区域方式、混合防守、压迫式防守和全线逼压防守[1]。

2．整体防守战术内容细分

　　整体回缩区域防守战术是防守方全体队员回收到本方半场或更靠近球门的场地区域，采用形成密集防线的区域防守。整体收缩的区域防守战术也是以3~5个后卫协防为基础，所有队员都不采用盯人的个人战术，而是采用区域盯人的方法，整个参与区域防守的队员都以后卫线的移动为坐标和导向，进行整体移动，对方队员进入谁的防守区域，就由谁来负责盯防。

　　整体前压区域防守战术是防守方把整个防线向前推压到中场或前场，但仍然采用区域防守的战术。整体前压区域防守是一种积极的争取主动的防守战术打法。一方面，区域防守由于容易形成严密的整体防线和利于更多地形成夹抢和围抢，而且相对节省体力，正是因为有以上的优点，区域防守才被越来越多的球队所采纳。另一方面，由于现代足球比赛的攻守争夺越来越激烈和复杂，要想在比赛中取得主动和赢得先机，就需要防守阵线的主动前压，这样也就出现更多的整体阵型向前逼压的区域防守战术打法。

　　整体混合防守战术是防守方整体上以区域防守战术为主，只派个别队员采用盯人防守，即形成全队以区域防守为主，只有个别队员采用盯人防守的混合防守。混合防守战术是20世纪80年代和90年代世界各国和著名俱乐部普遍采用的防守战术，但进入21世纪之后完全的区域防守战术逐渐普及，特别是近10年采用混合防守的球队已经不多，但作为一种整体的防守战术打法仍然被一些球队所采用。

　　整体压迫式防守战术是防守方整体统一并分工协作采取积极的防守行动，主动向对方施压及积极争取抢获控球权的球队整体战术配合行动。压迫式防守特别讲究分工协作，一般是随机分为几个小组，即抢球组、近距离封堵组、远距离断截组和保护组。压迫式防守战术又包括高位压迫防守、中场高位压迫防守、中场低位压迫防守和低位压迫防守或深度压迫防守。

---

　　[1]　引用2014年中国足球协会职业级教练员培训讲义的整体防守战术内容。

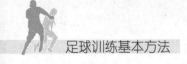

整体全线逼压防守战术是比赛防守方采用全场紧逼和积极抢断的整体防守战术打法。全线逼压防守战术由于全体场上队员都采用主动逼出抢断的积极防守方式，后防对球门的保护相对容易出现漏洞，也更容易被对手抓到反击的机会，所以有较大的冒险性，一般是在比分落后和比赛所剩时间不多的时候采用。

（五）定位球防守战术

定位球防守战术是比赛中对方在比赛开始或比赛成死球后发球，即由非比赛状态进入或重新进入比赛状态时，为了减小威胁而采取的带有策略性的防守协同战术配合行动。定位球进攻战术与防守战术有着相互促进的关系，由于定位球进攻具有很大的威胁性和很高的得分率，相应的定位球防守也受到重视。定位球防守战术同样包括任意球防守、角球防守、掷界外球防守、中圈开球防守、球门球防守、罚球点球防守。其中任意球、角球和掷界外球防守战术尤其需要受到重视，后续的"足球训练丛书"里做详细的阐述和分析。

第三节　体能训练内容构成

体能训练内容构成是全面介绍有关足球体能训练的基本内容。训练内容按照运动素质、身体机能、身体形态和心理素质划分成四类内容，足球队员的体能水平突出表现在运动素质和身体机能两个方面，身体形态和心理素质也是体能的重要保障因素和训练内容。体能训练所划分的四项内容都有各自的细分，体能训练不仅要有专门的体能训练教练，而且还要有更专业的力量训练、心理训练、营养调配等教练或技师，如此，足球体能训练不仅成为一个需要高度专业化和分工细致的职业，而且需要把各项训练统合起来。

一、运动素质及其内容细分

运动素质及其内容细分是要在整体介绍足球队员运动素质的同时，还要阐述运动素质细分及其更细致的内容构成。以下探讨包括运动素质概要和运动素质细分两个部分。

（一）运动素质概要

足球体能训练的运动素质内容一般包括速度、力量、耐力、灵敏和柔韧五个方面，每个方面又都有各自的细分内容。运动素质内容构成的原理在全国体育院校通用教材《运动训练学》书中有详细的阐述[1]，其中的训练内容和方法我们不在此复述，这里主要阐述具有足球专项性特点及与比赛实战相一致的运动素质训练内容与方法。足球队员的运动素质训练很多是与技战术训练和比赛训练统一进行的，足球队员的运动素质一定要有一般运动素质训练的基础，训练要更多地采用那些体现足球项目特点及与比赛实战统一和同步进行的内容和方法。以下按照运动素质的内容细分介绍各项素质具体的训练内容与方法。

（二）运动素质内容细分

1．耐力素质

一场高水平比赛队员的跑动距离在12 000米以上，冲刺快跑次数超过70次。所以耐力素质往往被认为是足球队员体能最重要的基础素质。足球队员比赛中的耐力表现包括有氧耐力和速度耐力两种情况，比赛的绝大多数情况是依靠有氧耐力支撑，但无氧的速度耐力往往在比赛的关键时刻发挥更重要的作用。世界著名教练穆里尼奥曾经说足球队员的体能训练必须在足球场上完成，他所说的体能训练指的就是耐力训练[2]。现在高水平球队的耐力训练是要求以小型比赛的形式进行，包括有氧耐力、无氧低强度、无氧中强度和无氧高强度的训练，基本是在比赛对抗的条件下通过场地设计、练习时间、练习人数、练习密度和间歇时间的调整来控制训练强度。所以通过比赛形式训练体能已经成为世界一致认可的训练方法。当然，整个赛季的赛前准备期的体能训练，偶尔进行一次12分钟跑有氧耐力测试、UU无氧耐力能力测试、100米速度测试等，

---

[1]　全国体育院校教材委员会.运动训练学[M].北京：人民体育出版社，2000：191-232.

[2]　路易斯·洛伦索.穆里尼奥：葡萄牙制造[M].陈震，译.北京：新世界出版社，2014：73.

都属于正常的辅助性训练方法和监控手段，但耐力训练主导的训练方式方法一定是在足球场上完成的。

2．速度素质

足球队员的速度表现是一种具有高度综合性的速度。足球队员的速度素质包括三个方面：第一，是接受信息的反应速度及其之后的思维和决策速度；第二，是反应后的动作应答及完成动作的速度；第三，是绝对速度即快速运球、追球和抢位等移动速度[1]。以上三种速度表现只有在足球场上和比赛中才能直观、生动地表现出来，每一种速度又有各种不同的表现和随机变化，所以足球队员的速度训练不能脱离足球场地和比赛场景，训练可以适度和适量地采用一般性速度训练的方法，但整体上必须体现足球特征。具体的训练内容，要在比赛场景中结合技术动作操作和比赛对抗因素，要体现足球项目的反应判断速度、动作速度及位移速度，其中的位移速度训练以10~20米的快运球和冲刺快跑为主。以比赛形式和对抗形式的速度训练有很多的内容与方法，比赛形式包括等人数三对三至六对六的攻门、定向进攻和无进攻方向控传等，比赛形式的速度训练要有足够的空间，还要制定强化队员插跑和摆脱跑动的规则，例如：插跑算得分、插上射门进球得两分等。设计比赛场景结合技术训练的内容和方法也非常多，例如：非对抗形式的计时或限时运球射门训练、边路前插追球传中训练；对抗形式的一人传球二人追抢的争抢训练、助传进攻插上与防守追抢的训练等。速度训练很容易在比赛中或在比赛场景下结合球完成。

3．力量素质

足球比赛是同场竞技并有大量两队队员之间的身体接触和冲撞，所以不仅需要队员具备速度素质和良好的耐力素质，也需要队员具备强壮的体魄和强大的力量素质。而且队员还需要具备快速起动和跳起的爆发力，这些是比赛中快速摆脱防守和争夺空中优势需要具备的。力量素质的训练内容按照身体部位划

---

[1]　刘丹.足球体能训练[M].北京：北京体育大学出版社，2006：42.

分，包括下肢力量、腰腹力量、上肢力量及小肌肉群力量或平衡核心力量；按照比赛中的作用效果分，可分为绝对力量、爆发力和力量耐力[1]。每一个部位和每一种力量都需要专门的训练内容与方法，而力量素质训练是需要利用专门力量训练器材和场地，一般是在力量训练房或训练馆进行。这些训练需要专门力量训练教练的组织和指导，我们将在后续专门的教材中介绍。在足球场地和比赛场景下也有很多的力量训练内容与方法，主要是克服自身体重的训练，比赛和对抗形式的训练内容，例如：等人数或不等人数的单脚着地跳行比赛、等人数或不等人数的背人比赛、负重（绑沙袋）比赛、"四腿"比赛等。非对抗形式训练内容更多，例如：专门组织的蛙跳练习、纵跳练习、背人练习、叠罗汉蹲起、单腿跳、俯卧撑、仰卧起坐、仰卧、俯卧、侧卧的两头起等，这些训练可以在技术训练或比赛间隙进行。

4．灵敏素质

足球比赛队员都是要根据球的位置、队友和对手位置、空间大小、距离球门远近等情况而灵活地采取随机行动，比赛中队员的移动不仅有结合球和徒手的不同，而且场上移动有快慢不同、难度不同、节奏变化和方向不同等各种差异和变向变速的要求，移动的方法也有各种滑步或跑动及其他不断的变化。所以，足球队员的灵敏素质显然与其他项目存在差异，这些比赛中需要完成的各种移动变化，要求队员必须具备适应于足球的灵敏素质。足球比赛中所表现出来的无球条件下的灵敏素质，包括各种静止或慢速移动和快速移动中的突然的转身变向，各种跳起落地后的平衡及快速移动、起动和转身，各种身体倒地姿势的起身或顺势起身及起身后的各种快速移动、起动和转身等，这些都可以在足球场地及在特定的比赛场景下完成训练。其实，所有的快速完成各种组合技术的练习，既是技术练习和动作速度练习，也是一种足球队员重要的灵敏素质训练。还有铲球后的起身或争顶后的平衡及之后的连接起动、转身和连接其他技术练习等都是灵敏素质训练。足球比赛过程本身要求队员快速移动、转身、

---

[1] 刘丹.足球体能训练[M].北京：北京体育大学出版社，2006：40-41.

起动及完成技术动作，控球快速变向变速等都是很好的灵敏素质训练。灵敏素质训练一般安排在训练的准备热身部分效果更好，准备热身部分的灵敏练习可以利用一些辅助器材，比如：栏架、绳梯、跳绳、胶带等，还可以利用摆放不同图形和间距的锥盘、锥桶、标志杆等做快速的跳跃、移动、穿越、翻滚等，还有不同身姿和面向的小步跑、高抬腿、急停急起、绕障跑等练习[1]。

5. 柔韧素质

足球比赛常常会要求队员的技术动作幅度更大一些、动作更柔和一些、脚抬得更高一些、伸得更远一些、关节灵活一些等，还有很多时候队员受伤是因为肌肉的柔韧性不够。所以足球队员同样需要具备良好的柔韧素质。当然，足球队员的柔韧素质尤其以腰腹、腿脚、脊椎颈椎部位为重要，柔韧素质是体能训练不可忽视的重要素质。准备热身练习部分的柔韧素质训练主要依靠拉伸、踢摆、绕转等来完成，其实，很多加大幅度的技术练习，例如：控球技术加大幅度，在增加完成技术难度的同时也起到了柔韧素质训练的作用；加大踢球摆腿幅度也一样能起到训练作用。柔韧素质练习一般分为动态拉伸和静态拉伸，结合技术练习的柔韧素质练习、原地或移动中的节拍操、移动中的踢摆和扭转练习都属于动态柔韧性练习，一般是安排在准备热身部分，这样利于调动队员兴奋性，也符合训练由准备部分到主题部分的生理和心理适应。原地静态拉伸一般是安排在训练的放松整理部分，静态拉伸可以刺激肌肉神经的兴奋而促进乳酸等疲劳物质的代谢，利于消除队员训练后的疲劳和身体恢复[2]。

二、身体机能及其内容细分

足球队员身体机能水平的主要表现是场上耐力和赛后恢复能力，其中耐力包括有氧耐力和无氧耐力，相应的供氧能力和抗乳酸能力是反映队员耐力水平的主要生理指标，最大摄氧量可以直接反映供氧能力及影响到耐力和速度耐

---

[1] 刘丹.足球体能训练[M].北京：北京体育大学出版社，2006：45-46.

[2] 刘丹.足球体能训练[M].北京：北京体育大学出版社，2006：47-48.

力水平，抗乳酸能力则直接影响到队员的无氧耐力水平。血清睾酮和皮质醇两个生化指标可以直接反映队员的恢复能力和身体状态[1]，当然生理上的代谢能力和抵抗能力也会影响到身体机能的恢复。这里我们主要阐述的是身体机能对体能的影响和如何通过训练得到改善的问题，身体机能水平肯定会直接影响到队员的体能状态，尤其是对队员耐力水平的影响更加明显，而耐力又是所有其他运动素质的基础和根本。队员良好身体机能状态的形成一定是要经过一个科学训练的过程，其中最重要的就是耐力素质的训练。耐力素质训练包括有氧耐力训练、无氧低强度训练、无氧中强度训练和无氧高强度训练。足球体能教练需要根据每一个队员不同的运动素质水平、生理机能水平和身体恢复能力等，在整个赛季做统筹的各项训练内容的比例安排，并做好运动量与运动强度的调控，还要做好各项生理生化指标的测试与跟踪监控，也特别要注意每一个队员的营养和恢复措施的跟进。

三、身体形态及其内容细分

足球队员的身体形态与比赛有着密切的关系，也与队员的体能水平相关联。从小的方面讲，队员合理地改变和塑造自己的身体形态对于改善体能状态、提高技术水平和保持身体健康都具有重要的意义。从大的方面讲，球队不仅需要队员拥有优良的技术能力和战术素养，也需要每一个队员都拥有健康和良好身体形态，比赛场上的一些位置更是需要身体强壮和身形高大的队员。所以无论从哪一个角度讲，足球队员的身体形态都是一个重要的体能评价指标。一般而言队员的身体形态主要受到遗传因素的影响，而解决这一问题主要是通过选材的途径。但事实上现代足球的队员身体形态已经成为体能训练的重要内容，通过训练可以使队员的体型更加健美，可以达到控制体重及改善个人身体形态的不足。身体形态训练最主要的内容是通过肌肉力量训练改变身体成分，增强体质和改善体型。身体形态训练有很多的体质监控指标，如脂肪率可以反

---

[1] 刘丹.足球体能训练[M].北京：北京体育大学出版社，2006：67-68.

映身体重量指数、克托莱指数可以反映身体的营养指数等，身体形态训练也越来越趋于系统化和科学化[1]。

四、心理素质及其内容细分

心理素质对于足球队员的体能发挥有着重要的影响，这一点已经在理论上与实践总结中得到科学的证明。后文还有专门把心理作为比赛基本要素的阐述，这里只从心理素质对体能影响的角度加以说明。在足球队员的体能水平结构中，运动素质、身体机能和身体形态都程度不同地直接发挥作用，但心理素质是从其他结构体系中衍生出来的因素，是间接地对队员比赛场上的体能水平发挥作用。例如：比赛中心理过度紧张会造成肌肉紧张、内循环系统失调和能量提前消耗或能量耗用的浪费等，肌肉紧张不仅影响比赛中技术的正常发挥，也会出现疲劳提前和发生肌肉痉挛。再如：比赛与生活的关系处理不好，就会出现比赛中注意力分散，竞技状态消失或无法调动等情况，所以心理调解是足球体能训练的重要内容，包括心态放松调解、集中注意力训练、自信心培养、沟通与交流意识培养、心理状态调解等，很多高水平俱乐部球队和国家队都配备专门的心理教练或心理医生，很多心理状态形成有一定的规律性，也有一定的特殊性，心理训练需要根据每一个队员的具体情况而对症下药地施加心理影响。

第四节　心理训练内容构成

心理训练内容构成是介绍足球心理训练所涵盖的基本内容。心理训练内容按照训练与比赛动力内容、足球队员心理过程内容和足球队员个性心理内容划分成三类，队员的心理训练是非常重要又十分微妙和难以把控的，越来越受到重视。足球队员成长需要全面的心理训练基础，但每一个队员又都表现出各自不同的心理现象和问题，所以心理训练只有全面并结合个人特点，才能更好地

---

[1]　刘丹.足球体能训练[M].北京：北京体育大学出版社，2006：54.

保证队员训练和比赛状态的正常发挥。

一、训练与比赛动力的内容

　　队员参加足球训练与比赛动力的激发和原动力的能量储备，是心理训练首先要思考的问题。动力不可能是单纯外力的维持，而必须依靠其自身的主动性和积极性。这种主动性和积极性可以产生活跃的认知、振奋的情感和坚强的意志。这些是队员高效和高质量完成训练和比赛的保证，是促进队员个性心理和谐发展的条件。训练和比赛动力的根本来源是人的本能需要和生存需要，从心理学角度分析动力构成及其能量来源是复杂的，但按照队员动力调节系统的划分，队员动力大致可分为动机激发、兴趣培养、态度引导、习惯养成四个方面[1]。当然，作为拥有主观意识的队员，必然受到其个人理念、信念和世界观等意识形态的支配和调节。队员参与训练与比赛活动的动力调节系统是在一定的社会环境中，队员个体是在参与足球活动的基础上形成动力及不断发展和变化的。教练员在长期的训练工作实践中，对队员的动力激励肯定有着复杂和细致的过程，这些需要教练员巧妙利用外部环境影响与个人需要的关系，侧重从动机、兴趣、态度和习惯等几个方面培养和影响队员，见图3-1。

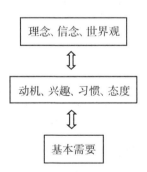

图3-1　队员动力调节系统

---

[1]　马启伟.体育心理学[M].北京：高等教育出版社，1996：80.

二、足球队员心理过程的内容

按照足球训练与比赛中的心理过程划分，一般足球训练过程更需要注意的心理问题分为感知、记忆、思维、注意、情绪等几个方面。但重要的是教练员要了解每一种心理现象与足球训练的关系，特别是它们对足球训练和比赛的特殊意义。从心理学角度对心理现象加以认识和理解，对于教练员引导队员成长和进步具有特别重要的意义[1]。

感知：足球训练和比赛要求队员的视觉、听觉和触觉更为敏感，而且往往是多种感知同时发挥作用的综合反应过程。其中对视野和视深度的要求，尤其不同于常人及其他球类项目的队员，比如：篮球需要与足球相近的训练强度和良好的体能，但两个项目队员的视野和视深度差异一定是巨大的。一方面是说足球队员不仅需要具备广阔的视野，而且对场上距离远近的判断和空间立体方位也要有良好的感知；另一方面，则是需要教练员有意识地加强对队员视觉能力的训练。足球队员的触觉也具有特殊性，足球运动是以脚支配球为主，而且足球队员需要具备良好的球感，所以从心理学的角度探讨足球队员的接触球感觉的训练也是很有意义的。

记忆：足球队员对训练和比赛中技术动作、比赛场景和复杂过程的记忆，是以表象记忆为主导的，这也是很多体育项目所共有的基本规律。也就是说训练中的技术教学、场景回顾及比赛过程分析等，借助技术动作示范、真实场景再现和比赛录像等动作和场景再现的形式，利用队员表象记忆唤起队员记忆连接的有效方法。相同的问题或场景，教练员用语言描述和讲解对唤起队员记忆的作用是微乎其微的，所以，教练员的技术教学战术方法展示，要尽可能地避免讲解时间过长及过多地使用要领和方法说明，而是要把讲解变成2~3个字的要点提示，训练开始要一边做技术动作操练一边体会训练要点。

思维：人类的大脑分为左右两个半球，右大脑负责指挥人的形象、空间、

---

[1] 马启伟.体育心理学[M].北京：高等教育出版社，1996：28.

模仿、想象和直觉思维活动，对足球队员的创造性活动有重要的支配作用。相应的，足球队员在训练和比赛中更多是依靠操作思维和直觉思维支配其行动，比赛中队员要不停地做出判断和预测，其决策的根据首先是球的落点、飞行路线、反弹高度等，同时兼顾对手的意图和可能采取的行动，还要观察队友的位置、状态及与队友可能的配合方式等，这些需要依靠直觉思维来完成。比赛场上的表现需要有场下认真思考的复杂思维过程，但训练和比赛场上思维模式的建立是要以直觉思维和操作思维为前提。

注意：人对事物的认识有各种水平，如在感知、记忆、思维等方面不同的认知高度。无论哪一种水平的认识，又总是有选择性的，就是对一定对象的指向和集中，这种选择性的指向和集中就表现为注意。注意不是一个独立的心理过程，而是以上各种认识过程都可以表现的一种状态，也就是注意是伴随着其他认识过程而存在的。例如：注意看，注意听，认真思考等，可见，注意是认识选择性的高度表现。教练员需要了解训练和比赛中的注意的原理及其重要性，有意识地培养队员的注意能力。足球队员的注意能力培养主要还是在足球训练和比赛过程中完成，技战术训练的投入、比赛的专注及对训练和比赛细节的关注等，都需要良性刺激和建立条件反射，比赛自始至终高度集中注意往往是难度极大的心理训练问题。

情绪：从根本上说情绪是由客观事物与人的需求关系决定的，足球训练和比赛过程中会产生很多外在对队员的刺激和情绪体验，情绪会引发一系列的生理反应，使队员产生应急的身体活动行为，足球队员显然需要具备对情绪的控制能力。足球比赛会对队员情绪产生明显的影响，如赛前紧张、心境状态、焦虑、抑郁等，一旦某种情绪状态超过了一定的阈值或限度，就会影响队员比赛的正常发挥，例如：出现过度紧张、出虚汗、食欲不振、沮丧、易怒、悲观等症状。教练员需要具备对队员情绪的把控能力，主要还是通过一些有效的心理训练消除队员不良的症状。

以上是把几种单一的心理过程作为心理训练的内容，并结合足球专项需要做训练内容与方法的解读，其中结合了足球训练与比赛中的一些典型问题，显然还有很多与足球相关的心理问题还没有提及。所以以上只是对五个方面的心理训练内容做简要的阐述，每一个问题都可以作为专门的足球训练内容做更深入的探讨。

三、足球队员个性心理的内容

以上是就一般性的几个心理过程阐述其各自训练的问题，全面的心理训练是队员训练水平的基础，但实际现实的心理训练都是针对具体队员的，是个性心理的培养和塑造的问题。个性心理训练的内容是极其丰富和多样的，首先个性心理训练包含所有一般心理过程的感知、记忆、思维、注意、情绪等心理训练的内容，此外还有很多突出队员的个性心理的训练内容。足球队员的个性心理训练包括取胜动机、沉稳气质、坚强性格、自信心等方面能力的培养；还包括自我意识、社会意识与公平意识、专注态度、进取精神、顽强意志、健康心理等方面素质的培养[1]。很多国外的训练是专门以改善心理状态为训练目标的，例如：改变训练态度、改善沟通习惯、提高直觉和反应敏感性、调整比赛心理状态、促进身心松弛、释放心理压力等[2]。队员这些心理训练目标的实现，需要在全面的基础上进行专门的个性心理塑造。心理训练对足球训练和比赛有着重要的影响，队员的竞技状态可以通过心理训练得到极大的改善，即借助足球训练与比赛过程的心理特点和各种可利用因素，达到提高训练效果和改进比赛状态的目的。

---

[1]　马启伟.体育心理学[M].北京：高等教育出版社，1996：64-78.

[2]　马启伟.体育心理学[M].北京：高等教育出版社，1996：63.

第四章
足球训练方法演绎

足球训练方法演绎的探讨需要从一定高度认识训练方法问题，从训练方法的一般原理及其内容结构的逻辑关系出发，推演出由具体方法构成的训练方法体系。完整的训练方法体系既包括顶端的原理及训练方法分类的内容，又包括末端的具体操作方法及其要点与要求的内容。训练方法演绎是从宏观角度认识和把握足球训练方法的问题，不是为了学习和掌握某些具体的训练方法。

足球训练是人数较多的群体活动组织形式，训练形式在结构和原理上与其他很多项目有相同的一面，例如，队员的召集、调度、分队、分组等组织原理是一样的。但足球是具有鲜明特征的运动项目，在训练人数、技术方法、场地范围和设备器材等诸多方面都与其他体育项目存在差异。在今天足球文化氛围日益浓厚的社会环境下，社会各界对足球重视度的提高促进了足球训练理念与方法的不断推陈出新，而网络技术及视频处理技术的高度发达，使得全世界可以同步分享最新的训练方法成果。我国足球训练理论研究处于落后的状态，更多的理论研究处于方法操作和经验归纳的层面，对训练方法原理及其系统构成的认识还不够全面和深入，对各种训练方法之间的相互推导与转换关系也存在认识的不足。

本章以"足球训练方法演绎"为题，从训练方法的基本概念及其分类方法入手，通过方法演绎让大家了解足球训练方法由一般向具体推导的原理及其系统构成。所阐述的训练方法主要是在足球场地上实施操作的内容，不包括那些室内的力量训练和跑步机上的体能训练。

第一节 足球训练方法概念与分类

　　足球训练方法概念与分类是要在解读概念的基础上全面展示训练方法的基本构成，以让大家了解训练方法的内容范畴。探讨的主题之一是足球训练方法概念及其新趋势，是在理解训练方法概念的基础上，把握足球训练方法的发展趋势和最新特点，这是我们利用训练方法原理进行训练方法演绎及驾驭训练方法的重要环节；主题之二是足球训练方法演绎，是利用足球训练规律和训练方法原理由一般向具体的逻辑推导，演绎足球训练方法的系统构成。

一、足球训练方法概念及其新趋势

　　了解足球训练方法概念及其新趋势是我们把握现代足球训练方法所必需的，概念是基本认知的问题，而掌握足球训练方法的新趋势则是我们演绎训练方法是否具有先进性的关键。以下探讨分为两个问题，其一是足球训练方法概念解读，其二是足球训练方法发展新趋势。

（一）足球训练方法概念解读

　　足球训练方法是在足球训练过程中，为了提高队员的竞技水平及完成训练任务所组织的训练内容流程及其实施操作的方式与办法的统称[1]。训练方法是完成训练任务的最后操作环节，就是说我们有了宏观的足球训练基本模式设计，也把握了足球训练内容的系统构成，甚至做好了训练取材与素材加工的工作，最后完成训练任务还是要采用具体配套的训练方法。对于足球训练的认识往往是从直接观察开始的，队员参加训练是为了学习和提高足球技术和战术能力，作为教练员从事训练工作一定要从训练方法的操作模仿开始，所以各种直观的训练方法学习是教练员成长的重要一步，但仅仅局限于浅层的训练方法学习与归纳，则很难成为一个优秀的教练员。在训练经验日积月累及不断参加培

---

[1] 全国体育院校教材委员会.运动训练学[M].北京：人民体育出版社，2000：137.

训和探求的过程中，必须逐步提高对训练规律及训练方法原理的认识。我国一直缺乏对足球训练基本理念与训练方法机理的深入探索，长期处于对训练方法的简单模仿与归纳的状态。足球训练方法演绎是训练形式由一般向具体的推导，方法演绎要在形式上与现实先进训练方法的外在形式相一致，现在先进的训练模式是由技术准备、战术准备、比赛场景及比赛实战等几个模块构成，把这些训练形式按照逻辑学的要求做训练方法的归类处理，可以归为比赛训练形式、对抗训练形式和非对抗训练形式三类。依此可以对足球训练方法做梳理和体系构建，作为训练内容的比赛训练、技术训练、战术训练、身体训练和心理训练及其任何细分的内容都可以在训练方法体系中找到合适的训练方法。以上足球训练方法的系统归类，并不是简单的逻辑推导，而是在足球训练基本概念、基本理念、基本模式及训练取材等一系列问题探讨的基础上，从足球概念到足球训练方法的外在形式，使训练方法演绎与概念推导、训练要素条件、训练理念要求及足球训练基本模式的原理等相互贯通和达成一致，是经过了严密和科学的立体推导过程。

（二）足球训练方法发展新趋势

1. 把比赛融入训练过程受到重视

在此，我们首先重温一下一些重要的提法，比如"比赛是训练的核心和目标，比赛是训练的延续和必要内容"等。这些不仅要形成一种训练观念和理念，在训练设计及具体训练方法实施中也要体现和融入这种思想。例如：现在的训练课越来越重视比赛形式训练和比赛场景训练，无论是技术训练或战术训练，还是体能训练或心理训练，都更强调在完整的比赛阵型及其各种场景变换的条件下完成。再如：训练中为了提高训练效率很多时候会缩小训练场区和减少人数，但教练员都会让队员明白训练是在比赛的某个场景下，训练的目的是解决比赛中的问题；又如：过去常说一次训练课要以最后的实战对抗训练为核心，这种提法已经过时和落后，现在的实战对抗训练一定要明确地解决比赛中的某一个具体问题。训练只有更多地与比赛相对接，才是真正地做到了"比赛是训练的核心和目标"。所以目前都是把正式比赛、各种比赛训练及技能转化训练等视为训练的组成部分，当然也都作为训练方法的一部分纳入训练的系统设计之中。

2．游戏方法渗透到训练全过程

现今所有各层次球队的训练方法及其操练过程中，包括各种比赛训练也一定有游戏的元素。游戏方法被广泛和大范围地采纳，无论是职业队还是青少年训练，游戏方法已经被视为提高训练效率的必要手段。以往游戏只是在训练开始用于调动队员的情绪和积极性，而现今则是训练全过程自始至终都采用游戏方法或带有游戏性质的练习。"游戏方法"与足球概念所说"足球是一种游戏"不同，足球概念中的游戏是指与比赛形式完全相同的游戏，此"游戏方法"是指带有娱乐和玩耍意味的并存在竞争和胜负追求的训练，训练方法的设计是要按照游戏的规范在训练中加入游戏的元素。游戏方法改变了过去把训练当作过于严肃认真的事情，而是想办法把训练变成一个快乐和享受的过程。在欧美足球发达国家及在亚洲的日本和韩国，从少儿启蒙训练到职业队训练，再到最高水平的国家队训练，所有训练过程都是围绕各种不同形式的游戏而展开的，无论完成什么训练内容及采用何种训练方法都一定要加入游戏的元素。高水平教练采用游戏方法并不会影响训练的质量和效果，反而会活跃训练气氛，会使队员身心放松和处于良性的训练状态，而且游戏方法同样可以体现教练员训练的严谨和认真，当然，游戏方法要达到训练的高效肯定有更多驾驭和把控的技巧[1]。

二、足球训练方法分类及其相互关系

足球训练方法分类及其相互关系是宏观、全面地展示足球训练方法的内容构成及各部分内容之间的相互关系，是我们对足球训练方法形成正确认识的需

[1] 刘夫力.足球[M].北京：中国少年儿童出版社，2019：17.

要。以下探讨包括两个问题，即足球训练方法的分类和足球训练方法体系的内在关系。

（一）足球训练方法的分类

足球训练方法有着多种不同的分类方法，也都对足球训练有着各自不同的作用。例如：按照训练有没有防守的划分可以分为对抗性训练和非对抗性训练；按照训练内容构成的划分可分为比赛训练、技术训练、战术训练、体能训练和心理训练；按照年度训练时期划分可分为准备期训练、比赛期训练和调整期训练；按照训练量和强度划分可分为大运动量训练、中等运动量训练和小运动量训练等。本著是按照全面反映足球训练方法体系内容构成的要求，根据足球训练过程的实际需要，也遵循足球训练过程外在形式划分的基本逻辑，把足球训练方法分为三个大类，即比赛形式训练方法、对抗形式训练方法和非对抗形式训练方法，此三个大类训练方法的内容细分见图4-1。需要说明的是，图中比赛形式训练方法是按照队员整个16年训练过程的不同成长阶段划分的，各个成长阶段的比赛形式训练有相同形式内容的重复，例如：启蒙阶段和初级阶段都有五人制比赛形式的训练；初级阶段和中级阶段都有八人制比赛形式的训练；初级阶段、中级阶段和高级阶段都有十一人制比赛形式的训练，这是本著对足球训练方法分类所做的特殊处理。

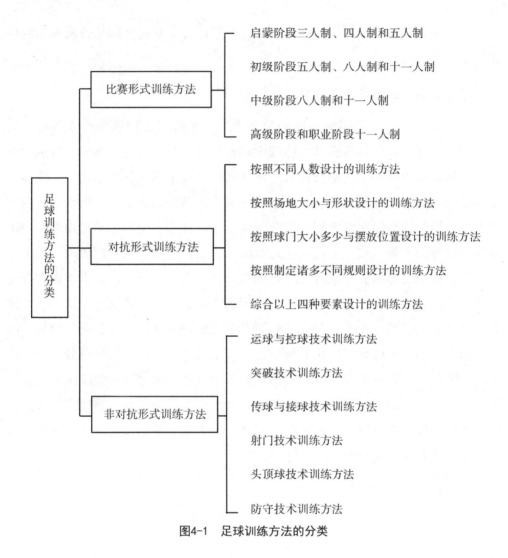

启蒙阶段三人制、四人制和五人制

初级阶段五人制、八人制和十一人制

中级阶段八人制和十一人制

高级阶段和职业阶段十一人制

按照不同人数设计的训练方法

按照场地大小与形状设计的训练方法

按照球门大小多少与摆放位置设计的训练方法

按照制定诸多不同规则设计的训练方法

综合以上四种要素设计的训练方法

运球与控球技术训练方法

突破技术训练方法

传球与接球技术训练方法

射门技术训练方法

头顶球技术训练方法

防守技术训练方法

图4-1　足球训练方法的分类

（二）足球训练方法体系的内在关系

　　足球训练方法体系是由比赛形式训练方法、对抗形式训练方法和非对抗形式训练方法三个子系统构成，是把足球训练方法按照不同训练形式划分成三个独立的系统，三个系统之间是相互联系、相互渗透和相互补充的关系，三者共同构成完整的训练方法体系，见图4-2。

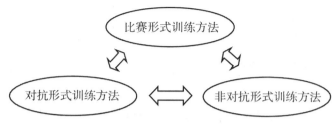

图4-2　足球训练方法体系的内在关系

训练方法体系构成中的内在关系，显然每一个系统各自具有独立的意义和价值，都是足球训练的整体设计与具体实施中必不可少的环节。训练方法演绎是宏观认识和运用训练方法的问题，是为了满足完成训练任务的需要，训练取材之后对训练内容的驾驭必须通过训练方法操作来完成，所以训练方法体系要与训练内容体系相适应。就是说足球的比赛训练、技术训练、战术训练、体能训练和心理训练都能够在训练方法体系中找到与之对应的方法。

训练方法是通过一定的形式完成对训练内容的操作，但训练内容与训练方法并不是一一对应的关系，而三个系统中每一个独立的方法体系都包含或融合着多项的训练内容。例如：比赛形式训练方法和对抗形式训练方法都可以作为每一项训练内容的训练方法；非对抗形式训练方法可以作为比赛训练之外任何训练内容的训练方法；技术训练、战术训练、体能训练和心理训练可以是完全相同的训练形式；体能训练可以在足球场用技术训练或比赛训练的形式完成其操作；当然心理训练更多是在场下做心理疏导及通过比赛过程完成对队员心理的影响。随着足球训练理论与方法的发展，足球训练形式越来越多地统一于比赛过程或结合到比赛场景中，例如：现今的足球技术训练、战术训练、体能训练甚至心理训练，教练员都是有目的地采用比赛形式或设置比赛场景；而一种相同形式的四人的传接球训练，可以是技术训练，也可以作为战术训练，还可以作为体能训练，关键在于教练员要根据需要调整完成技术的规格、频率和移动速度等，这样就会产生不同的训练效果和达到不同的训练目的。由此可见，训练方法体系及具体的训练方法设计不一定要对应训练内容，而是应当更多地

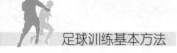

采用比赛形式和对抗形式的训练。

　　国际上关于训练方法构成的问题虽然没有定论，但基本上是按照训练方法的外在形式而划分其构成的，本章把足球训练方法体系构成分为比赛形式训练方法、对抗形式训练方法和非对抗形式训练方法三种，打破了套用训练内容划分训练方法的界限，三种形式的任何一种都可以是五项训练内容中任何一项的训练方法。当然，足球体能训练是一个专门的命题，体能训练融于技术训练和比赛训练过程，还需要把握好体能训练的时间与强度、时间间隔、场地范围、球门设计、多球训练等安排。需要注意，足球训练方法最终是一个训练过程操作的问题，合理、有效地使用训练方法是激发队员的重要手段，训练方法的合理设计和实施可以启发、引导队员独立思考，教练员还可以通过训练方法运用增强队员对自己的信赖。

第二节　足球训练方法演绎

　　足球训练方法演绎是首先把各类训练方法进行概念解读，是在了解训练方法的基本构成和原理的基础上，再由一般向具体做演绎推导，从而了解足球训练的任何一个具体的训练方法都可以由一般原理推导出来。以下探讨的主题是按照足球训练方法的类别进行划分，包括比赛形式训练方法及其阵型演绎、对抗形式训练方法及其演绎及非对抗形式训练方法及其演绎。

一、比赛形式训练方法及其阵型演绎

　　比赛形式训练方法是专门介绍用完全的比赛形式进行训练的方法，显然，比赛形式训练是无法进行训练方法演绎的，但每一种比赛形式训练都会有很多内在的演绎方法，其中最重要的是比赛阵型的演绎。以下探讨包括两个问题，即比赛形式训练方法概念及其要义和比赛形式训练方法的阵型演绎。

（一）比赛形式训练方法概念及其要义

比赛形式训练方法是把与正式比赛完全相同的形式作为训练课强化和提高队员竞技能力的一种训练方法，正式比赛也属于比赛形式的训练方法。所有训练活动的最终目的就是参加比赛及取得重要比赛的最好成绩，一个球队要达到很高的竞技水平，全面展开各种形式的训练是必要的，但比赛形式的训练是必不可少的环节，为了熟悉和适应比赛必须把一定比例比赛形式训练系统地安排到训练过程中。足球训练中有一种叫模拟训练或称适应训练，其要点是模拟比赛的原过程，这是达到适应比赛及取得比赛成功的重要环节之一。现在比赛形式的训练之所以越来越受到重视，是因为以往比赛形式的训练比例太小，足球训练很重要的一部分是熟悉和适应比赛环境和氛围，很多职业队教练员对比赛草坪、观众距离、场地长宽差异等都要细致了解，这些都属于比赛形式训练的内容。在整个训练过程中足够的比赛形式训练是必不可少的，而且要有一个频率和精准度的要求，队员一旦脱离比赛形式太久，必然会出现对比赛的不适应而影响实力发挥。所以训练课设计要以比赛训练为核心和归着点，平日的比赛训练要以正式比赛为核心和归着点，其中比赛形式的训练是重要的中间环节，是日积月累形成最后正式比赛战斗力的基石。

（二）比赛形式训练方法的阵型演绎

1. 启蒙阶段比赛阵型的演绎

（1）采用比赛规制说明。

启蒙阶段是U6和U8即4~8岁幼儿的比赛，一般U6阶段采用三人制和四人制比赛为主，U8阶段采用四人制和五人制比赛。幼儿阶段队员虽然团队整体意识和比赛阵型观念很弱，但还是需要灌输简单的阵型概念及其阵型变化的方法。

（2）三人制和五人制比赛阵型变化的演绎。

三人制比赛的阵型演绎：进攻阵型呈"12"倒三角形站位，防守阵型变为"21"三角形站位，进攻和防守阵型在各种不同比赛场景下需要保持三角形站

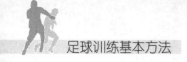

位及随机变化相应角度，其中防守阵型会较多呈一字排列的平行站位。

四人制和五人制的阵型演绎：进攻阵型后场呈"121"菱形站位，中场变成"22"阵型与站位，前场变成"121"或"13"的阵型；防守阵型门前和后场呈"31"站位，中场呈"121"或"31"阵型，前场呈"22"或"13"的阵型与站位[1]。

2．初级阶段比赛阵型的演绎

（1）采用比赛规制说明。

初级阶段是U10和U12即8~12岁少儿的比赛，一般U10阶段采用五人制比赛为主，U12阶段采用八人制比赛为主，训练水平较高的球队可以适当体验十一人制比赛。初级阶段的少儿队员已经有很强的团队和整体意识，是技术快速成长和全面打基础阶段，比赛阵型概念逐渐加强，需要全面、系统地灌输阵型概念及各种阵型变化的方法。

（2）八人制比赛阵型变化演绎。

八人制比赛的阵型演绎：进攻阵型变化后场守门员发球呈"2131"或"331"站位，中后场呈"232"阵型和站位，前场呈"223"站位，在对方门前呈"1231"或"1213"的阵型变化；防守阵型在后场门前呈"52"或"421"站位，中后场呈"331"或"3121"的阵型与站位，前场呈"232"或"133"的阵型与站位[2]。

3．中级和高级阶段比赛阵型的演绎

（1）采用比赛规制说明。

中级阶段是U14和U16即12~16岁少年的比赛，以十一人制比赛为主，适当参加一定比例的八人制比赛；中级阶段的少年队员已经具备全面、扎实的训练基础，团队意识和胜负观念极强，技术特长和位置技术特点已经形成，需要熟悉各种比赛阵型的打法，需要在全面、系统、深入理解阵型概念的基础上熟练

————————
[1] 刘夫力.足球[M].北京：中国少年儿童出版社，2019：46.

[2] 刘夫力.足球[M].北京：中国少年儿童出版社，2019：48.

适应各种阵型的打法与变化。高级阶段U18和U20即16~20岁的青少年比赛，基本采用十一人制比赛，为向职业阶段过渡做准备。

（2）十一人制比赛阵型变化演绎。

十一人制比赛的阵型演绎：进攻阵型在后场守门员发球呈"2431"或"3331"站位，中后场呈"2323"阵型与站位，进攻到前场阵型变为"2431"的站位，在对方门前呈"2242"或"1234"的阵型变化；防守阵型在后场门前呈"631"或"541"站位，中后场呈"532""451""442"阵型与站位，在前场呈"244"或"253"的阵型变化[1]。

二、对抗形式训练方法及其演绎

对抗形式训练方法是介绍除了比赛形式之外的对抗训练方法，一般要求有四个以上的训练要素，通常所说的小型比赛训练、技能训练、有侧重点的比赛训练、自由比赛训练、小组比赛训练、实战训练等都属于对抗形式的训练，当然有时候比赛形式训练也可以归在对抗形式训练方法之列。以下探讨主要包括两个问题，即对抗形式训练方法概念及其要义和对抗形式训练方法的演绎。

（一）对抗形式训练方法概念及其要义

对抗形式训练方法是指训练以分成等人数或不等人数的分组及按照实战要求，在近似比赛对抗的条件下强化提高队员竞技能力的训练方法。这里我们首先需要清楚对抗形式与比赛形式的区别与联系。比赛形式是与正式足球比赛完全相同的特征、要素和方法，而对抗形式训练方法则相对没有严格的形式限定，但其基本特征一定是以脚支配球为主、同场竞技和团队协同作战。对抗形式训练方法相对限定比较宽泛，比如：足球训练要素包括核心要素球、目标要素球门、团队要素队友、对抗要素对手、空间要素场区和限制要素规则六项，对抗形式训练可以缺少其中的一个或两个要素；在人数配置上可以是等人数的

---

[1] 引用2014年中国足球协会职业级教练员培训讲义《整体防守战术》。

对抗，也可以是各种不等人数的对抗等。对抗形式训练从逻辑关系上讲包含比赛形式的训练，实践中更多用于战术准备训练或比赛场景训练。平日训练课设计要以最后的比赛形式或对抗形式的训练为核心和归着点，平日的比赛训练要以正式比赛为核心和归着点，其中必然包括大量的对抗形式训练，对抗形式训练是向比赛形式或正式比赛过渡的中间环节。对抗形式训练方法具体是按照四个标准划分为四类，即按照不同人数设计的训练方法；按照场地大小与形状设计的训练方法；按照球门大小多少与摆放位置设计的训练方法；按照制定诸多不同规则设计的训练方法。

（二）对抗形式训练方法的演绎

1. 按照不同人数设计的方法演绎

足球对抗训练可以按照各种人数对等和人数不等及其人数的各种变化演绎对抗形式的训练方法，通过改变参与对抗训练人数能够演绎出无数种训练方法的变化。这种训练方法的演绎最少要设置四项训练要素，即核心要素球、对抗要素对手、空间要素场区和限制要素规则，团队要素队友和目标要素球门在多数情况下也是必备的因素。按照不同人数设计训练方法的推导和演绎如下：其一，是各种等人数形式的训练方法，包括一对一、二对二、三对三、四对四、五对五、六对六、七对七、八对八等对抗形式。其二，是由等人数变为不等人数训练方法的演绎，以四对四形式为例。例如：四对一、四对二、四对三、四对五、四对八、一对四、二对四、三到四等。再如：四加一对四、四加二对四、四加三对四、四加三对四等。又如：一助四对四、二助四对四、三助四对四、四助四对四等。还有现今的对抗形式训练提倡把守门员融入其中，如此可以演绎出以下的训练方法，例如：G（守门员）助一对一、G助二对二、G助三对三、G助四对四、G助五对五、G助二对一、G助四对三等对抗形式。以上各种等人数和不等人数训练形式都可以相互组合成新的对抗形式的训练方法。可见，从每一个等人数对抗形式都可以做同样的训练方法演绎，如此可以设计出更多的训练方法。当然，对抗训练要达到优良的训练效果，教练员需要考虑的其他因素有很多，比如需要根据队员的具体实际做好具体人员的搭配，还需要把握好训练的要点等。要真正驾驭好对抗训练的过程，具体的训练要灵活地提高或降低训练的复杂性和难度，训练人数安排要根据队员的训练基础和能力而确定，对抗训练由于参与人数不同、队员训练水平不同，即便是相同的训练内容其完成训练的难度也是不同的。

2. 按照场地大小与形状设计的方法演绎

足球对抗训练可以依据场地大小和形状的不同变化而演绎对抗形式的训练方法，通过各条线的长短和场区大小的变化能够演绎出无数种训练方法的变化。这种训练方法演绎包括两个方面，一个是场地大小的变化，就是拉长边线或球门线、改变各个场地区间的大小等；另一个是形状的变化，比如，场地可以设计成长方形、正方形、扁方形、圆形、三角形、多边形等。这种训练方法演绎显然有无数种形式的变化，但重要的是要根据训练的需要，要以利于达到训练目标和收到良好效果为原则。不同场地大小和形状的训练方法设计需要了解一般性的规律，就是场地大利于进攻一方，但容易消耗体能；场地小则利于防守，对进攻方的技术和动作速度要求高；长方形场地利于完成突破和远射的练习；扁方形场地则利于传接球和转移进攻的练习等。

3. 按照球门大小多少与摆放位置设计的方法演绎

足球对抗训练可以依据球门大小和多少及位置摆放的变化演绎其训练方法，可以通过球门大小多少和摆放位置的变化演绎出无数种训练方法的变化。正常情况是训练的两组队员各防守一个球门，这种情况可以通过改变球门大小演绎训练方法的变化，比如：设置大球门则利于激发和调动队员射门的积极性，增加射门次数和体验，也利于强化射门意识；设置小球门则对射门的准确性和难度提出要求，利于提高队员的射门脚法的细腻度和提高对射门时机的把握能力。双方各设置两个或更多的球门，则利于队员抬头观察、分散注意和转移传球等。把球门设置在四个角上或四个边上，则利于调动学生的兴趣，也利于训练活跃氛围的形成，当然，在培养队员观察、灵活变向、相互呼应等方面也有重要作用。可见这种利用球门的多少与摆放位置不同也可以演绎出无数的训练方法。还有球门与队数不同设计的游戏练习，例如：三个队各一个球门，各队进攻其他两个球门、四个队各一个球门，各队进攻其他三个球门；还有场地中间设置一个球门、两个球门或三个球门的方法等。

4．按照制定诸多不同规则设计的方法演绎

足球对抗训练教练员可以根据限制或强化队员需要而制定各种不同规则，演绎对抗形式的训练方法，通过规则的调整和变化可以演绎出无数种训练方法的变化。这种训练方法的变数最多，也最具有灵活性，其变化主要是教练员根据实现训练目标和任务的需要，利用制定临时性的规则限定的改变。例如：限定触球次数、规定技术动作方法或要求、规定进攻线路、规定丢球反抢、规定密集防守距离等；细致的限定包括运带球必须抬头、接球前必须观察或看球门、包抄必须3人到位、防守必须第一时间回收等。这种利用规则限制的训练方法，不仅可以调动队员训练的积极性和创造性，也非常利于强化队员改进技术和提高能力，四两拨千斤，往往教练员对训练的指挥和控制能力就体现在灵活的规则制定之上。

5．综合各种限定因素设计的方法演绎

足球对抗训练更多时候是综合以上四种限定因素的变化而演绎其训练方法，综合地通过人数、场地大小、球门摆放及规则限定的变化可以演绎出无限多的训练方法变化。对抗形式训练方法的设计都不是孤立地以某一个因素为变数，为了更好地达到训练的目的，训练方法设计肯定要综合地考虑和利用每一个限定因素。显而易见，如果综合地利用四种限定因素的变化设计对抗形式训练方法，则可以演绎出更多的训练方法。训练方法的设计最重要的还是要考虑完成训练内容和达到训练目标，例如：射门训练就一定要根据具体情况考虑球门的大小和多少；运球与控球训练则可能不设置球门或把球门作为运球穿越的目标；传接球和头顶球训练一般需要设置助攻队员或增加进攻队员人数，特别

是传接空中球和头顶球的训练很多时候需要助抛或助传的队员；防守训练需要适当缩小场地范围等。当然，训练方法的设计也要根据队员的足球基础、场地设施条件、教练员自身的业务能力等情况。恰当、有效的训练方法是激发学生练习积极性的重要手段，训练方法的合理设计和实施，可以启发、引导队员独立思考，教练员也会得到学生的信赖。

三、非对抗形式训练方法及其演绎

非对抗形式训练方法是全面介绍在没有防守干扰形式下的训练方法，其方法演绎同样是由训练方法的一般原理向具体方法的推导。以下探讨包括两个问题，即非对抗形式训练方法概念及其要义和非对抗形式训练方法的演绎。

（一）非对抗形式训练方法概念及其要义

非对抗形式训练方法是指在没有防守干扰的无对抗条件下，为了提高适应比赛的竞技能力所进行的单纯的技术动作、战术套路和体能的训练方法。现今的非对抗形式的训练更提倡设置近似比赛的环境或场景，例如：前卫队员中场运控球观察及随时传球给插上同伴的练习；前锋前场突破标志杆或假人连接射门的练习；中卫、边后卫、后腰和边前卫之间结合比赛站位的传接球练习；两个中卫和两个边后卫结合比赛站位的移动及断球和拦截练习等。很多单纯的技术练习和战术演练都设计和加入比赛场景的条件，训练的主要目的虽然是提高完成技术动作或战术套路的能力，但训练要求队员必须联系比赛及按照比赛的速度、节奏和时机的需要而完成练习。所以非对抗形式的训练方法，早已不是单纯地围绕技术动作规范的要求进行简单的练习。训练采用非对抗形式训练方法除了要设置一定的比赛场景和限定条件之外，还有很多需要注意的问题。

第一，训练方法的选择要与训练主题相一致、相适应。任何训练主题的非对抗训练都有无数的训练方法可供选择，但训练方法要恰如其分地表达训练主体和实现训练目标，教练员必须不断提高业务能力，选择与训练主题相一致的训练方法。第二，训练方法要与技能转化和比赛训练相衔接。非对抗训练是从纯技术练习向技能转化和比赛训练的过渡，其中包括热身部分技术练习的内容，训练要高效地达到预定的目标，需要注意非对抗形式与比赛形式的衔接和过渡。第三，训练方法要加入游戏的元素和方法。非对抗训练容易变得枯燥和无味，训练方法融入游戏的元素，围绕游戏设定练习的目标、要求和内容，也就是非对抗训练也要采用游戏方法，使训练带有游戏的性质，这样可以有效地调动队员训练的积极性。现今游戏方法已经渗透和体现在足球训练过程方方面面，每一节训练课、每一项训练内容都要融入游戏的元素。足球发达国家少儿足球训练是用游戏吸引、调动和控制队员，而不是依靠纪律规章和严格要求约束队员。完成训练任务与游戏方法是完全可以统一的，所有的训练都可以以游戏形式进行。

（二）非对抗形式训练方法的演绎

1. 运球、控球与假动作训练方法的演绎

运球、控球与假动作技术主要表现为个人脚下驾驭球的动作方法，一般入门的训练都是采用个人的运控折返、变向或连续变向的形式，可以两人或三人一组交替练习。当然随着队员技术水平的提高，这些脚下球的运球、控球与假动作技术可以和其他技术结合起来练习。一般专门的脚下技术训练有几种模式，例如：基础性的每人一球的分散自由训练模式、列队和圆周的折返训练模式、三角形折返与变向训练模式、方形折返与变向训练模式等，还有在以上基本模式基础上的日字训练模式、平行四边形训练模式、菱形训练模式、六边形训练模式等。每一种训练模式都可以在原有模式基础上进行变化和演绎，例如：方形模式队员初始可以站位在角上，也可以站位在边上，还可以中间放置一个标志物变成四个三角形等，每一种训练模式的变化都是无穷无尽的。对于长期参加足球训练的队员，教练员需要注意训练方法的不断变化，让队员感到训练很新颖和刺激，就拿每一种模式的边距来说，就可以有很多的变化。对于刚刚开始参加训练的队员距离需要适当拉大、速度要求适当放慢，这样就降低了训练难度，可以保证队员完成训练内容。提高难度除了缩短折返距离、要求

快速完成之外，交换等待的队员可以做移动干扰或假抢，要求持球队员抬头观察并及时做出合理的应对技术。脚下运球与控球技术练习一般可以不设进攻方向或设置多个进攻方向等[1]。

2．突破技术训练方法的演绎

突破技术是控球队员由自己本方一侧面向对方球门方向通过控球摆脱和运球加速超越防守对手的驾驭球动作方法。突破技术训练需要在初步掌握运球、控球和假动作技术的基础上，培养队员面向对手及超越对手的意识和能力。突破技术训练与控运球训练的主要不同是有明确的进攻方向。相应的突破技术的训练方法也比较单一，但也可以演绎出很多训练方法的变化。一般的突破训练方法的设计都需要有较大的纵深距离，以利于摆脱防守之后有足够的空间得以运球和加速超越，所以从一侧向另一侧的突破技术训练一般要保证有20米的距离。可以采用如下几种练习模式：模式一，由一侧向另一侧中间设一标志物，分成若干组，每组轮流做突破标志物的练习；模式二，方形或长方形正中间设一标志物，两个角上各一组队员轮流由一角向对角交替做突破标志物的练习；模式三，正六边形中间设四个标志物呈正方形，六边形相邻的四个角各有一组队员由一侧两两同时向对侧交替做突破练习。突破技术训练向比赛实战训练的过渡，需要通过一对一、二对二等形式的训练过程，一对一突破训练开始需要对防守队员有一定的限制，如防守队员站在一条线上只允许左右移动和抢球，不可以前后移动。突破技术训练关键的一点是要有进攻方向，有较大的纵深距离，而且是单一的进攻方向，突破训练要强调只能向前，不能犹豫和后退[2]。

3．传球与接球技术训练方法的演绎

传球与接球技术是队员之间相互联系与配合而形成团队和整体打法的桥梁，是以个人的传球和接球技术为前提和基础，进而形成队员之间的场上联系和配合。传球与接球技术在训练中一般需要二人、三人、四人或更多人之间的

[1]　刘夫力.足球[M].北京：中国少年儿童出版社，2019：82.

[2]　刘夫力.特殊学校校园足球[M].北京：高等教育出版社，2019：68.

相互协作和配合，有很多的训练模式，例如：最常见二人一传一接的技术练习方法，可以称之为"I训练模式"；三人（或六人）三角形站位相互传接的训练方法，可以称之为"三角形训练模式"；四人（或八人）方形站位相互传接球的训练方法，可以称之为"方形或菱形练习模式"等。每一个模式的技术训练，一定要把握传球与接球技术训练的基本要点，要与比赛实战的需要相连接。传球和接球技术训练需要注意把循环练习法引进训练过程，包括前边的运球、控球、假动作、突破等技术训练，也要更多地设计成循环训练的模式，这样更利于调动队员训练的积极性和提高他们的兴趣。传接球技术训练可以利用英文大写字母纵横交叉的连接点设计成很多种基本的训练模式，例如："Y训练模式""M训练模式""N训练模式""X训练模式""W训练模式""A训练模式""E训练模式""F训练模式""H训练模式""K训练模式""L训练模式""T训练模式""V训练模式""Z训练模式"等。

4．射门技术训练方法的演绎

射门技术是足球比赛最重要的门前结束进攻的技术，主要是用各种脚法和头顶球技术完成最后的射门。前边的各种运球、控球、突破、传接球配合等一切技术运用与战术配合，都是为了最后把球射进球门。可见，射门技术及射门技术训练是何等的重要。作为射门技术的训练方法，除了专门的射门训练之外，也包括那些与快运、突破、渗透传球、前插接球、传切配合相结合的向门前推进后的射门训练。射门技术的训练方法，一个"双向射门训练模式"，是把球门（或插立的两支标志杆）放置在训练场地的中间，两侧各有一组训练队员相互对射的练习方式。这种训练在场地设施条件较差的基层非常有效，可以避免浪费很多的捡球时间。这种训练也可以演绎出很多的变化，例如：两侧对射的技术训练、增加守门员的射门训练、运球假射摆脱射门训练、运球传切配合射门训练、侧面供球传中包抄射门训练等；还可以设置两个球门为一组训练长传传中包抄射门等。还有一个"门对门射门训练模式"，就是把两个球门拉近到20~30米的距离，这样可以做往返的射门训练，但需要有较好的训练条件，最好在专门的足球场地，门后有挡网或围墙的设施，或者购置可移动的围网。在不具备这样条件的情况下，还有一种利用一面围墙的训练方法，就是用一个球门的射门技术训练，可以利用循环训练法，完成射门之后的返回过程，设置绕杆、传接球等技术训练或素质训练[1][2]。

5．头顶球技术训练方法的演绎

头顶球技术是足球比赛中队员利用额头顶传或顶射空中来球的一次触球处理球技术。一场足球比赛有很多需要高点头顶处理的空中球，这是争取进攻主动权和抢点破门及防守争顶长传球和门前解围的重要手段，所以无论进攻还是防守队员都需要具备良好的头顶球技术。头顶球技术的训练方法，开始训练都需要队员之间相互抛顶，第一次训练，特别是少年儿童最好从自抛自顶开始，这样利于孩子克服恐惧心理。作为头顶球训练的方法，其一是"原地顶球训练模式"，包括原地的一抛一顶、一抛二顶、一抛多顶的训练；其二是"移动顶球训练模式"，包括一抛一顶的一退一进移动、一进一退移动、左右移动、左右侧后移动、左右侧前移动的顶球训练；其三是"顶球射门训练模式"，包括一攻门一守门的抛顶、互抛对顶、一抛多顶的攻门与守门训练模式；其四是"额侧顶球练习模式"，包括三人一组抛顶、四人一组抛顶的训练；其五是"门前模拟比赛顶球训练模式"，包括一人、二人、三人、四人的防守争顶和包抄攻门的抛顶、传顶训练等。需要注意，头顶球技术训练往往与比赛对抗训练是相统一的，例如：方形场地的二抛二顶技术训练变为二助一对一训练的模式；方形四抛四顶的训练变为四助二对二训练模式；四助四对四的控传训练变为四助四对四的头顶球训练的模式；各种门前二人、三人的防守与进攻模拟训练变为二助二对二、二助三对三的门前头顶球攻门与防守的比赛对抗训练模式等[3]。

---

[1]　刘夫力. 小型足球运动手册[M]. 北京：北京体育大学出版社，2004：93-96.

[2]　刘夫力. 特殊学校校园足球[M]. 北京：高等教育出版社，2019：71-72.

[3]　刘夫力. 小型足球运动手册[M]. 北京：北京体育大学出版社，2004：111-117.

6．防守技术训练的方法演绎

防守技术是比赛中对方控制球时为了获得球权而采用的抢夺行动，包括抢球、断球和拦截几种基本情况。每一个球队，特别是强队，必须采取积极、主动的防守行动，这是争取比赛主动和转守为攻的必要手段，一支球队的实力强弱和比赛胜负往往更多取决于球队的防守能力。防守技术的训练方法，往往更多采用对抗或比赛实战的形式。其一是一对一的抢球训练模式，一般是一人控球、一人抢球的训练，包括一对一反复对脚抢球训练，一人迎面控运另一人移动上抢训练，一人护球控球另一人逼压抢球训练等；其二是"卡位迎球断抢模式"，一般是根据对方传球人距离接球人的远近，断抢人里线卡位及在对手接球前断抢，包括一断二、二断三、三断四等断抢技术练习；其三是"防守拦截的训练模式"，是防守队员站位在进攻对传队员之间，进攻队员穿越传球，防守队员快速移动及拦截，包括一截四、二截六、三截十等训练。防守技术训练即便是非对抗的训练，也需要设置进攻队员定点站位，防守队员在合理的移动、选位、卡位的条件下，再进行抢球、断抢、拦截的技术练习，其中包括一对一、二对二、三对三、四对四、六对六的等人数训练，也包括一对二、二对三、三到四、二对四的不等人数的训练。而在以上各种人数情况下的对抗或比赛实战训练，则是防守技术训练之后所必须实施的。

第五章
足球训练计划与进度

足球训练计划与进度都是可大可小的命题，大者如国家所制定的青少年足球训练规划或大纲及其中的进度编排，小者如一个基层教练员个人制订的训练计划和进度。两者有着相同的基本架构和很多共同的要素，一般都包括训练目标、训练理念、训练重点、阶段划分及阶段目标与任务、比赛安排、训练内容及训练内容编排等。

不同大小主体制订训练计划的流程是不同的，国家制定青少年足球训练大纲需要召集全国的专家和精英教练共同完成；教练员个人制订训练计划则主要依靠自己的认知和想法。可见国家或地方足协和俱乐部制订的多年训练计划是全局性的足球人才培养方案的构思，教练员的训练计划只是个人训练操行的依据，这里足球训练计划与进度的探讨侧重于全局性的构思。很多国家足协制定的训练规划或大纲很值得我们借鉴，比如：德国"足球青少年天才培养规划"和日本"青少年足球训练大纲"，都是经过多年探索积累而凝结着先进训练思想的精华。其中日本的"青少年足球训练大纲"更加细致和具有可操作性，其16年的训练进度可以细化到每一次训练课教案的内容与方法。

一个国家足球的成功必须有先进理念的支撑，国家制定的训练规划或大纲就是其训练理念的集中反映。我国的足球训练理论建设处于探索阶段，做好训练计划制订是理论建设的重要环节，本章以"足球训练计划与进度"为主题，联系我国青训体系的具体实际，主要围绕多年训练计划和进度制订的思路与方法问题进行探讨。

第一节 足球训练计划

在当今网络和信息交流高度发达的时代，获取前沿足球知识和信息的渠道非常多，我们可以拿到任何国家的足球训练大纲或规划，这样好像很容易就能够掌握那些先进的理念与方法体系。其实无论是欧美足球强国的训练计划，还是亚洲日本或韩国的足球训练大纲，都凝聚着他们长期的探索和经验总结，并不是我们经过简单的文字阅读和加工就可以掌握其精髓及为我所用。我们学习和借鉴他们的思想成果，需要了解他们文字后边的思考和探索，这样才利于制订出具有创新和特色的面向广大青少年的多年训练计划。

一、足球训练计划及其内容

足球训练计划及其内容架构是制定训练规划或大纲所必须了解的知识，是训练计划完整性和科学性的基本保证。以下通过足球训练计划概念解读和足球训练计划内容架构的介绍，帮助大家概括地了解足球训练计划的基本面目。

（一）足球训练计划概念及其解读

足球训练计划是为了有效控制其训练过程及实现预期的训练目标而对一定时限内的训练过程所做的理论上的预先设计[1]。足球训练计划同样有很多的分类方法，但一般是按照时间跨度来划分的，其中包括多年训练计划、年度训练计划、大周期训练计划、小周期训练计划和课时训练计划（教案）。任何一个概念都可以从不同的角度和需要做出不同的陈述，重要的是一个事物的概念要反映其本质特征，足球训练计划的概念也是如此。人类社会开创任何事业之前都要有清醒的思考和步骤安排，足球训练的实施也需要进行预先的理论设计，而且足球训练计划需要在实践中依据主客观条件的变化而不断调整。"凡事预则立、不预则废"，足球训练工作之"预"是一项重要的工作内容。要制订科

---

[1] 田麦久.论运动训练计划[M].北京：北京体育大学出版社，1999：1-2.

学和合理的训练计划，需要充分分析球队的现有基础、实力和潜能等基本前提条件，从而确立明确的训练目标，训练计划是把球队的现实与目标之间建立多种可行性通道的连接。而且科学的训练计划是分阶段、有步骤地向目标推进，做好训练计划对于教练员有条不紊地工作，对队员训练态度的调整及对克服前进中的困难都具有无可替代的作用[1]。

（二）足球训练计划的内容

制订训练计划是取得足球训练成功必不可少的环节，在训练开始实施之前必须有训练计划的运筹过程，这是计划对实践的指导意义及其重要性决定的。足球训练计划有很多种类，不同类型的训练计划的内容构成和解决问题的侧重点会有所不同，而且每一类训练计划都有其特有的思维导向和含义。但各种时间跨度训练计划的大体内容架构是相同的，不同时间跨度训练计划的设计都有着共同的要素，这些要素反映的就是足球训练计划基本内容架构，见图5-1。足球训练计划10项基本内容各自有着不同的意义，从各项内容的性质和作用效果划分，可以把10项基本内容分成几个不同的组成部分，即准备性部分、指导性部分、实施性部分和控制性部分。这四个组成部分不是严格意义上的分类，各部分具体内容会有很多相互的联系、交叉和渗透，有时候还可以进行各部分内容的整体置换，因为每一项内容更多是教练员主观意向的体现。通常在制订多年训练计划和年度训练计划之时，更侧重于指导性部分的构思与设计，而其他部分的内容也都带有指导性的意义，比如：多年训练计划的实施性部分会对年度训练计划和大周期训练计划有重要的指导作用。在制订具体的小周训练计划和课时训练计划之时，则必然要侧重考虑实施性部分的内容设计，其他部分的内容也要更多地体现训练实施的问题。可以概括地说，多年训练计划和年度训练计划，一般更具有宏观控制和指导意义；而较短周期的训练计划和课时训练计划，则更侧重于对具体训练过程的驾驭和实施效果的把控。任何训练计划

---

[1]　田麦久.论运动训练计划[M].北京：北京体育大学出版社，1999：6-7.

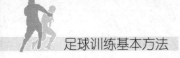
的准备性部分都要根据对球队及队员起始状态与潜能的考察而做全面、深入的
阐述和分析；控制性部分则需要根据指导性部分和实施性部分的设计而表述其
内容[1]。

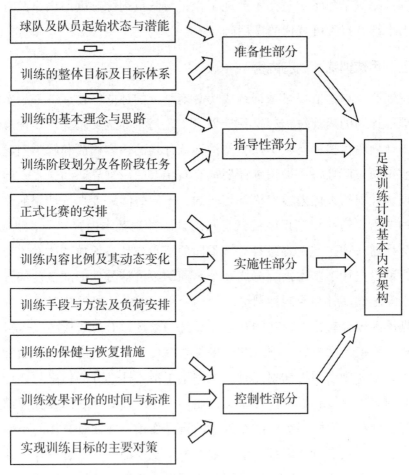

图5-1　足球训练计划基本内容架构

---

[1]　田麦久.论运动训练计划[M].北京：北京体育大学出版社，1999：10.

二、足球多年训练计划简介

一个国家足球多年训练计划的制订是一个很大的工程设计，需要全国业界精英人才的共同参与，并要有一个长期的统筹、调研及局部实验的过程。这里探讨的训练计划设计是侧重在方法和经验介绍方面，通过多年训练计划的整体架构及其训练次数与比赛场数问题的阐述，使大家了解训练计划的整体布局及各种时间和次数的比例关系；通过一些成功案例的分析帮助大家理解训练计划制订的要点与关键。

（一）多年训练打造"人才金字塔"的架构

用"人才金字塔"比喻一个国家的足球人才培养架构和布局是非常贴切的，而且"人才金字塔"的设计也可与足球多年训练计划的设计相统一，因为金字塔的形象既与足球人才培养的整体架构有着高度的吻合，又可以把足球队员成长周期及其成长阶段划分、各个阶段的赛制规定、比赛场数设计、理想比赛模式及阶段推进原理等融入其中，一个国家全局性的足球人才多年培养可以浓缩成一个金字塔来加以描述，见图5-2[1]。

---

[1] 引用2018年中国足球技术发展研讨大会技术报告的内容.

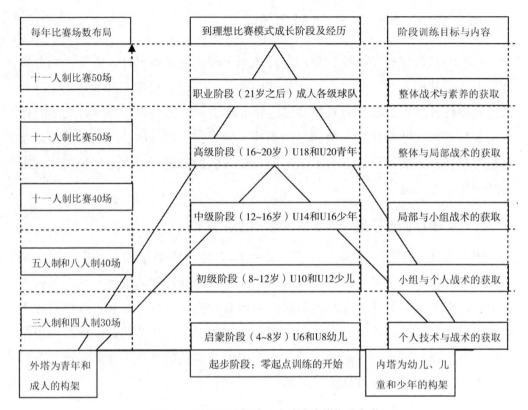

每年比赛场数布局	到理想比赛模式成长阶段及经历	阶段训练目标与内容
十一人制比赛50场	职业阶段（21岁之后）成人各级球队	整体战术与素养的获取
十一人制比赛50场	高级阶段（16~20岁）U18和U20青年	整体与局部战术的获取
十一人制比赛40场	中级阶段（12~16岁）U14和U16少年	局部与小组战术的获取
五人制和八人制40场	初级阶段（8~12岁）U10和U12少儿	小组与个人战术的获取
三人制和四人制30场	启蒙阶段（4~8岁）U6和U8幼儿	个人技术与战术的获取
外塔为青年和成人的构架	起步阶段：零起点训练的开始	内塔为幼儿、儿童和少年的构架

图5-2　多年训练打造"人才金字塔"的架构

　　每一个国家队队员都是"人才金字塔"塔尖上的佼佼者，都是经过层层筛选和千锤百炼而造就的国家精英人才。虽然目前世界各国之间的足球实力差距在缩小，但在欧美足球强国与亚非国家之间，在队员个体技术功底和整体竞技实力上仍然存在明显的差距。为什么不同国家和地区之间会存在实力的差距呢？这需要了解足球强国"人才金字塔"的结构，了解足球强国及其人才培养的内在机制和成功经验。足球人才培养的金字塔工程，从构成要素上看并不复杂，而且有很多现成的成功案例和样板。一个国家足球的健康发展及能够组建起一支强大的国家队，一定是在各种发展要素齐备和深厚积累的基础上的。足球事业发展的一系列要素是众所周知的：金字塔的塔底就是大众足球和青少年足球的普及；塔基和主体是青训体制的构建；各级联赛和各级国家队是金字塔的主干和支柱；代表国家参加重要赛事的队员即是金字塔工程打造出来的顶端精英。一个规模浩大而又健康的国家金字塔工程是有条件的：第一，需要足球文化土壤的滋润、足球传统血脉的养分及文化营养向社会渗透；第二，需要大批的教练员人才及校园足球教师的培养和队伍建设；第三，需要学习和借鉴世界先进的经验、理念和方法；第四，需要国家足球事业领导体制的完善及足球改革的推动等。表面上看足球人才培养并不复杂，但事实上任何事业的成功一定都有其背后的复杂过程，足球项目尤其如此。而我国足球发展不能取得进展，很大程度上是因为我们的诸多领导者把事情看简单了，又一直没有真正把握足球发展的规律和要点。

足球事业的发展并不是各种要素的简单拼凑，而是必须建立起凝聚智慧和高度统一的哲学思想和先进理念，还需要始终有各种行之有效的方针政策的指引，有切实可行的战略步骤和扎扎实实的过程。现在回首看我们过往的发展过程，由于缺乏思想建设和理论建设，我们的足球事业发展出现过战略布局的本末倒置，甚至出现某些大的发展板块的疏漏，而且细致的工作也存在诸多的漏洞。所以我们必须跳出短视和狭隘的认识局限，要以博大胸怀拥抱世界，以宽阔的视野瞭望足球世界的广阔及其沧桑变化，再重新审视我国足球多年发展规划与人才培养的问题，这才是我们所应有的一种态度。

（二）多年训练计划的训练次数与比赛场数

训练计划是训练主体组织训练工作的重要指导性文件，其中多年训练计划的训练次数与比赛场数是训练的总量，是在制订训练计划之前需要确定下来的，这样更便于训练计划的整体布局。根据对诸多欧美国家和日本相关资料和成功经验的综合考证，多年训练计划的训练次数和比赛场数是可以提前设定和编排的。训练次数和比赛场数都是先计算年度数量再统计多年计划的总量，无论是训练次数还是比赛场数，每个年度是基本固定的，多年训练总的训练次数和比赛场数就是每个年度次数和场数的相加。不同成长阶段的年度训练次数和比赛场数，要综合考虑每个国家不同的气候环境、训练传统、生活习俗和队员年龄等条件，我国幅员辽阔，南方和北方的气候条件和生活习惯不同，冬季与夏季的长短也存在差异，年度训练计划安排会有季节性的训练次数和比赛场数的不同，但还是可以设定一个基本的各个成长阶段年度训练次数与比赛场数的统一模式，见表5-1。

表5-1　青少年训练不同成长阶段年度训练次数与比赛场数的安排

阶段	训练小周期（期）	小周期训练次数（次）	年度训练次数（次）	年度比赛场数（场）	训练主题（个）
启蒙阶段	10	12、8、4	120、80、40	30	200
初级阶段	10	16、12、8	160、120、80	40	300
中级阶段	10	20、16	200、160	40	300
高级阶段	10	24	240	50	400

所有成长阶段的每个年度都设定10个训练小周期和2个比赛周，10个训练小周期分为前5期和后5期；前5期根据队员所处的成长阶段、训练基础及先进训练理念与方法的要求，把各项训练内容按照一定的比例以训练主题的形式编排入训练进度；后5期的训练在系统重复前5期内容的基础上增加技术难度和提高要求。训练内容编排要让队员在循序渐进中温故知新和稳步提高；同时让后加入的队员也能够全面、系统地学习和掌握技术及跟上整体的进度。10个训练小周期的内容安排要注意与周末比赛和比赛周之间的搭配，全年10个训练小周期和2个比赛周的分布是按照学校学制规定，上学期学生在学校期间9月至次年1月安排4个训练小周期，2月和3月间的寒假安排1个训练小周期和1个冬季比赛周；下学期学生在学校期间3月至7月安排4个训练小周期，7月和8月间的暑假安排1个训练小周期和1个夏季比赛周。在现今对青少年智力与技能培养多元化和培训相互竞争的社会环境下，有计划地组织青少年进行早期足球训练普遍存在训练时间和次数达不到理想要求的情况，所以启蒙阶段训练重要的是发现拥有足球天赋的人才及引导孩子的兴趣。

1．启蒙阶段年度训练次数与比赛场数

启蒙训练阶段是面向4～8岁即U6和U8年龄组的队员。每个训练小周期全勤为12次即每周3次训练，每次训练1.5小时；每3次训练为一个模块，围绕一个训练主题作为一个训练小节，训练主题阐述要包括比赛训练形式及技术和战术的内容；每个训练小周期12次训练分4个训练小节；每个小节的3次训练第一次侧重技术方法及其实战运用方法的学习，第二次侧重实战中技术应用与技术复习，第三次侧重实战技术应用与技术细节。队员参加任何一个小周期的训练都有三种选择，第一种是全勤参加12次训练，第二种是参加8次训练即每周3次训练中的2次，第三种是参加4次训练即每周3次训练中的1次。全年10个训练小周期满勤120次训练，最少40次训练，全年安排正式比赛30场。

2．初级阶段年度训练次数与比赛场数

初级训练阶段是面向8～12岁即U10和U12年龄组的队员。每个训练小周期全勤为16次训练即每周4次训练，每次训练1.5小时；每4次训练为一个模块，一个训练主题作为一个训练小节，训练主题阐述要包括比赛训练形式及技术和战术的内容；每个训练小周期16次训练分4个训练小节；每个小节4次训练，第一次侧重技术和战术方法及其比赛实战运用的学习，第二次侧重实战中的技术和战术方法应用与技术复习，第三次侧重技术和战术方法与其他方法连接与变通的学习，第四次侧重比赛训练中技术与战术方法运用的细节。参加任何一个小周期训练都有三种方法可供选择，第一种是全勤参加16次的训练，第二种是参加每个小周期12次的训练即每小节4次训练中的3次，第三种是参加每个小周期中的8次训练即每小节4次训练中的2次。全年10个训练小周期全勤参加是160次训练，最少参加80次训练，全年安排正式比赛40场。

3．中级阶段年度训练次数和比赛场数

中级训练阶段是面向12～16岁即U14和U16年龄组的队员。每个训练小周期全勤是20次训练即每周5次训练，每次训练2小时；每5次训练为一个模块，一个训练主题作为一个训练小节，训练主题阐述包括比赛训练形式及战术和技

术的内容，每个训练小周期20次训练分4个训练小节；每个小节的5次训练，第一次侧重战术与技术方法及其比赛实战运用的学习，第二次侧重比赛实战中的战术与技术应用及战术方法的复习，第三次侧重实战中战术方法与其他方法连接及变通的学习，第四次侧重实战中的战术与技术应用的细节，第五次以比赛训练形式为主及为正式比赛做准备。参加任何一个小周期训练都有两种方法可供选择，第一种是全勤参加20次训练，第二种是参加每期16次训练即每小节5次训练中的4次。全年10个训练小周期全勤是200次训练，最少160次课，全年安排正式比赛40场。

4. 高级阶段年度训练次数和比赛场数

高级训练阶段是面向16～20岁即U18和U20年龄组的队员。每个训练小周期全勤是24次训练即每周6次训练，每次训练2小时；每6次训练为一个模块，围绕两个战术训练主题作为一个训练小节，训练主题阐述包括比赛训练形式及战术的内容；每个训练小周期24次训练分4个训练小节；每个小节的6次训练，第一次侧重一个战术方法及其比赛实战运用的学习，第二次侧重实战中的战术方法运用与战术方法的复习，第三次侧重战术方法与其他方法连接及变通方法的学习，第四次侧重第二个战术方法及其比赛实战运用的学习，第五次侧重第二个战术方法实战运用与战术方法的复习，第六次侧重体能训练。高级训练阶段是进入职业训练阶段之前的过渡时期，已经形成足球专长和职业技能，此阶段必须参加所有的训练活动，要严格按照职业队员的标准和要求全面强化个人能力。全年10个训练小周期全勤参加是240次训练，全年安排正式比赛50场。

（三）足球多年训练计划概要

1. 制订多年训练计划的统筹

酝酿和制订任何一种多年训练计划，都需要在基本思路、内容布局和过程实施上有一个统筹。不同足球训练主体的训练计划设计有着不同的侧重点，国家足协、地方足协和地方俱乐部的多年训练计划要侧重宏观指导方面，全过程的多年训练计划主要是指青少年足球人才培养计划。国家足协领导足球事业的发展要有统一的多年训练计划，全过程训练计划很多国家是围绕队员16年成长周期而制定规划或大纲，这种计划要统筹和覆盖每个成长阶段、每个年度、每个大周期、每周及每次训练课的安排，训练从每个成长阶段到每次训练课都是大循环套着小循环地周而复始。我国要振兴足球就必须谋求多年训练计划的设计，要根据足球队员成长的一般规律、足球技能形成规律及保证训练量的时间要求，还要考虑不同地区中小学每学年的教学周期和假期长短，及兼顾全国各个地区和俱乐部对青训工作的技术支撑能力。多年训练计划的10项构成内容同样是按照准备性部分、指导性部分、实施性部分和控制性部分分组，这种训练计划构成的布局方式也是制订计划的重要依据。多年训练计划是以指导性部分的构思与设计为核心，准备性部分、实施性部分和控制性部分是围绕指导性部分而做拓展和补充，要根据指导性部分的需要进行各项计划内容的阐述和要点归纳。这里更多以多年训练计划为例及结合一些国家的成功经验而展开阐述和分析[1]。

2．制订多年训练计划的基本要求

在多年训练计划的构思与设计中，必然要融入足球训练基本概念、基本理念、现代足球发展趋势、理想比赛模式、训练内容构成、基本训练模式等反映先进足球理论与思想的内容，还要融入众多案例的成功经验及其观念与方法。多年训练计划的制订要切忌纸上谈兵，一定要把制订的计划与具体训练实际相结合，使计划成为实践的工具及切实为训练服务。凡是经得起实践检验和获得成功应验的训练计划，一定是经过了艰辛的理论探索和长期艰苦实践的考验，多年训练计划更需要反映先进的训练理念和代表足球正确的发展方向。我国曾经多次制定过"青少年足球训练大纲"，但训练大纲的思想性和先进性及对训练实践的指导意义，都存在一定的不足，这是我们足球事业发展需要克服和解

---

[1] 美国国家足球教练员协会.经典足球指导教材[M]. 李春满，等译.北京：北京体育大学出版社，2009：38-41.

决的问题。一个国家要统筹制定一份多年训练规划或大纲，必须经过一个较长时间的思考、调研和实践探索的过程，而且既要融入国际先进的思想理念与方法，又要融入本国的思想成果和特色。相对而言我国以往制定的训练大纲存在理论研究的不足和实践深入度不够的问题，而真正具有科学性和实践指导意义的训练大纲则需要大量的基础性和有深度的理论研究的铺垫。

3. 国外多年训练计划的案例简介

从对德国足协、法国足协和日本足协制订16年周期的青少年训练计划或大纲的经验，包括对阿贾克斯、皇家马德里和本菲卡等俱乐部青少年训练大纲的考察看，他们都是把多年训练计划当作战略问题来对待的，都把计划的指导性部分作为核心和重点，而且无一例外地对实施性部分的内容与方法做了统筹和具体的设计。他们的训练大纲都经过了多年经验总结和成果积累，而且始终都在不断和反反复复地进行调整和完善。以日本足协1996年出台的一套全国统一的青少年足球训练大纲为例，大纲是一大批科研人员和专家做了近10年的专题调研，经过了长期的运筹、设计、实验及反复调整[1]。从日本训练大纲的文字阐述可以看到，他们对大纲的准备性部分、指导性部分和控制性部分都做了科学的阐述和分析，更对实施性部分做了全面、系统和细化的设计，大纲细致到对每个年龄组每次训练课的内容编排及其训练的具体操作方法与要求的阐述，大纲的可操作性强，甚至在没有教练员情况下队员也可以自行按照教案完成训练。当然，实际的训练并不一定严格按照大纲进行，每一个教练员在训练中都会有自主发挥和个性展示的空间，但大纲所具有的宏观指导意义和现实可操作性，从一个侧面说明日本足球取得成功有其必然性。

日本足球取得今天的成就的重要原因之一是思想认识的转变及其训练理念的先进，而青少年足球训练大纲正是他们训练思想与理念的集中体现。我们需要学习和借鉴的是制定训练大纲的严谨和科学态度，需要追求训练大纲的通俗易懂及其可操作性，这样的大纲才能真正指导基层教练按照先进的理念和方

---

[1] 中钵信一.日本足球改革之路[M]. 东京：集英社，2001：93.

法完成训练。我国基层从事足球训练的教练处于理念和方法落后的窘况，其中原因之一是我们始终没有能够有效指导训练实践的训练大纲。当然大纲的制定与实施都需要有足球领导者的权威和决策力、科研人才聚集与智慧凝结、文字阐述的不断补充与完善、业界的统一思想与宣传推广及最后的贯彻与落实的过程。一个国家或地方足球训练大纲制定的水平是考验足球领导者素质和能力的重要指标，作为引领足球事业发展的各级足协、足球俱乐部和足球学校的领导者，重视和制定完善的青少年足球训练大纲是一种应有的态度，日本足协的青少年足球训练大纲是值得我们深思和借鉴的案例。

第二节　足球训练进度

足球训练进度是介于训练计划与训练课教案之间的桥梁和纽带，在完成了训练计划制定的基础上，要把诸多训练内容系统、有序地安排到每一次训练课，就需要有一个训练进度的编排。队员每个阶段的成长都是一个系统的训练过程，多年训练计划是系统训练的整体设计，训练进度就是把系统训练的内容做科学和有序的组合与编排。以下内容分两个主题，即训练进度的内容纲目和启蒙阶段训练进度案例。

一、训练进度的内容纲目

队员不同成长阶段的训练内容有其内在的规定性及共性的标准和要求，但并不是千篇一律地统一标准，每个国家和地区都有很大的差异性。所以训练内容设定既要遵循一定的规律和原则，又要有一定的灵活性和符合自己的个性特点，但训练内容的选择要以能够达到一定的训练目的为准则。以下探讨包括两个问题，即训练进度内容编排的一般原则和各个成长阶段的训练内容纲目。

（一）训练进度内容编排的一般原则

训练进度的内容选择与编排有着很大的差异性，每个国家、每个俱乐部及每个教练员都存在观念和认识的不同，也存在客观要求和主观目的的不同，所以训练进度的内容编排没有统一和绝对的标准，进度内容选择的合理范围也有很大的宽度。需要强调的是，训练进度内容的系统性与训练素材取材于比赛实战并不矛盾，作为具体的训练课内容，其素材取材于比赛实战是先进训练理念的要求，但训练取材于比赛实战与足球系统训练是完全可以达成统一的。本著在"足球训练计划基本内容架构"一节已经详细阐述了足球训练内容体系的问题，系统训练就是要把完整的训练内容科学和有序地编排到各个阶段的训练进度之中。作为多年训练计划的内容进度编排需要遵循以下的一般原则：

第一，训练进度所展现的训练内容必须是一个全面、系统和完整的体系。进度内容不仅要包含队员成长所需要的所有必要因素，而且每个成长阶段及每个年度的训练内容都要有其科学和合理的体系，如此才能保证队员的健康成长及达到未来高水平比赛竞争的要求。

第二，训练进度内容要由易到难和循序渐进，体现适合队员成长的要求。队员完整的成长过程分为四个四年周期的成长阶段，根据掌握知识和技能的一般规律和足球技能发展的专项特点，训练内容的编排要把简单和容易掌握的技能放在前边，把复杂和有难度的内容放在后边，要兼顾诸多训练内容的重复次数和不断复习巩固，而且每个成长阶段、每个年度的内容都要系重复前一阶段和年度的内容，以保证队员能力的稳步提高。

第三，进度内容的编排顺序要与训练过程的组织形式及其特点相适应。四个成长阶段及每个年度的训练内容，不仅要按照由易到难、由简到繁的要求，而且足球技术本身还有由单一到综合、训练形式由人数少到人数多、训练对抗由弱到强、训练范围由具体到整体等复杂训练过程，这些是训练进度内容编排必须考虑的因素。

第四，训练进度内容编排要注意各项比赛基本要素的统筹和统一。现代先进的足球训练理论认为，足球比赛各个基本要素的内容是相互融合和统一的，即足球技术训练、战术训练、体能训练和心理训练的内容和形式不是分开的，而是你中有我和我中有你的统一关系，这是训练进度编排尤其需要注意的问题。

如何优化地编排足球训练进度的内容，这不仅要参考国外相关教材的内容编排，还要结合我国及结合我们每一批队员的具体实际。队员成长虽然有可为人们认知的规律性，但每一个、每一批队员的成长都有其特殊性，训练内容选择在遵循一般原则的同时，需要我们根据训练的具体实际来灵活地把握。另外，进度内容的编排还要考虑各阶段队员心理特征和接受能力的差异、训练次数和总时数的不同，还要考虑内容之间的关联、比赛训练内容与其他内容的连接、各项技术和战术训练所需要的时间和重复次数等。

（二）各个成长阶段的训练内容纲目

1. 启蒙阶段训练内容纲目

（1）正式比赛安排：启蒙阶段是以三人制和四人制比赛为主，平均每年安排30场比赛，四个年度共安排120场比赛。正式比赛是整个启蒙阶段训练的核心和目标。

（2）比赛训练内容安排：包括比赛形式训练和对抗形式训练，比赛形式训练与正式比赛的形式相同；对抗形式训练以"一对一"至"四对四"人数范围为主。比赛形式训练是技术训练和战术训练的核心和依托，同时比赛形式训练以正式比赛为核心和目标。

（3）技术训练内容安排：以运球、控球、假动作和短距离传接、射门等单个技术和简单组合技术的为主。对抗训练是技术训练内容的核心和目标，同时对抗训练以比赛训练为核心和目标，技术训练要与个人战术和小组战术训练同步。

（4）战术训练内容安排：以个人战术训练为主和小组战术训练为辅。对抗训练是个人战术和小组训练的核心和目标，同时对抗训练以比赛训练为核心和目标，个人战术训练和小组战术训练要融入技术训练过程。

2.初级阶段训练内容纲目

（1）正式比赛安排：初级阶段是以五人制和八人制比赛为主，平均每年安排40场比赛，四个年度共安排160场比赛。正式比赛是整个初级阶段训练的核心和目标。

（2）比赛训练内容安排：包括比赛形式训练和对抗形式训练，比赛形式训练以五人制和八人制比赛形式为主，对抗形式训练以"三对三"至"六对六"人数范围为主。比赛形式训练是技术训练和战术训练的核心和目标，同时比赛形式训练以正式比赛为核心和目标。

（3）技术训练内容安排：以各种传接球、控运球、假动作和射门及各种双元和三元组合技术为主。对抗训练是技术训练内容的核心和目标，同时对抗训练以比赛训练为核心和目标，技术训练要与小组战术、个人战术和局部战术训练同步。

（4）战术训练内容安排：以小组战术为主及以个人战术和局部战术训练为辅。对抗训练是战术训练的核心和目标，同时对抗训练以比赛训练为核心和目标，小组战术、个人战术和局部战术训练要与技术训练相互融合。

3.中级阶段训练内容纲目

（1）正式比赛安排：中级阶段以八人制和十一人制比赛为主，平均每年安排40场比赛，四个年度共安排160场比赛。正式比赛是整个中级阶段训练的核心和目标。

（2）比赛训练内容安排：包括比赛形式训练和对抗形式训练，比赛形式训练以八人制和十一人制比赛形式为主，对抗形式训练以"四对四"至"八对八"人数范围为主。比赛形式训练是技术训练和战术训练的核心和目标，同时比赛形式训练以正式比赛为核心和目标。

（3）战术训练内容安排：以局部战术训练为主及以小组战术和个人战术训练为辅。对抗训练是战术训练的核心和目标，同时对抗训练以比赛训练为核心和目标，局部战术训练要把小组战术、个人战术和技术训练融为一体。

（4）技术训练内容安排：以各种传接球、控制球、突破、防守、射门及头顶球等技术的全面和组合技术为主，突出位置技术和个性化技术的训练。对抗训练是技术训练内容的核心和目标，同时对抗训练以比赛训练为核心和目标，技术训练要与个人战术训练完全统一并融入小组战术和局部战术训练。

4．高级阶段训练内容纲目

（1）正式比赛安排：高级阶段以十一人制比赛为主，平均每年安排50场比赛，四个年度共安排200场比赛。正式比赛是整个高级阶段训练的核心和目标。

（2）比赛训练内容安排：包括比赛形式训练和对抗形式训练，比赛形式训练以十一人制比赛为主，对抗形式训练以"四对四"至"十对十"人数范围为主。比赛形式训练是技术训练和战术训练的核心和目标，同时比赛形式训练以正式比赛为核心和目标。

（3）战术训练内容安排：以整体战术训练为主及以局部战术和小组战术训练为辅。对抗训练是战术训练的核心和目标，同时对抗训练以比赛训练为核心和目标，整体战术训练要把局部战术和小组战术统一融合，个人战术和技术训练完全融合于整体战术训练。

（4）技术训练内容安排：在全面技术的基础上，以位置技术和个性化技术训练为主，突出技术运用的合理、随机和自动化。比赛实战是技术训练内容的核心和目标，同时对抗训练以比赛整体战术为核心和目标，技术训练、个人战术、小组战术和局部战术训练要完全融入整体战术训练。

二、启蒙阶段训练进度案例

一个完整的队员成长过程的足球训练进度，要把各项训练内容全面、系统和有序地编排到每一次训练课里，而且中间还有很多重复和多次重复的内容，所以多年训练计划的训练进度肯定文字篇幅巨大。但是队员每个成长阶段的训练进度编排都有很多共性结构，我们可以通过局部的案例说明训练进度编排的过程和方法。以下摘要介绍两个问题，其一是启蒙阶段训练内容编排，其二是

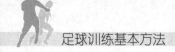

启蒙阶段第一年度训练进度编排。

（一）启蒙阶段训练内容编排

启蒙阶段训练内容编排要依据启蒙阶段的每个年度的训练次数，计算出总的四个年度的训练时间总量及其分布，每个年度30场正式比赛是另外安排。再根据所制定的启蒙阶段训练内容纲目，编排启蒙阶段每个年度的训练内容。

1．启蒙阶段第一年度训练内容编排

（1）U6组幼儿园中班上学期前5期训练内容。

比赛训练：二人制比赛；一对一；三对三；三人制比赛。

技术：脚背内侧运、内挡内拨；脚背外侧运；前拖内拨和换脚外拨、交替前拖。

个人战术：空当运球；变向摆脱；摆脱射门。

（2）U6组幼儿园中班上学期后5期训练内容。

比赛训练：二人制比赛；一对G；一对一；二对二；三人制比赛。

技术：脚背正面射门；外运外拨、假射外拨和内拨；外跨换脚外拨、交替外跨。

个人战术：摆脱射门；突破对手；突破射门。

（3）U6组幼儿园中班下学期前5期训练内容。

比赛训练：一对一；二对二；三人制比赛。

技术：脚背内侧交替内挡；脚背外侧运、前拖内拨外拨、前拖连拖；脚背正面射门。

个人战术：变向摆脱；逼近对手摆脱、空当快运。

（4）U6组幼儿园中班下学期后5期训练内容。

比赛训练：一对一；二对二；三人制比赛。

技术：外跨换脚内拨、前拖、假射前拖；内跨外挡外拨、交替内跨。

个人战术：突破对手；摆脱射门；突破抢射。

2．启蒙阶段第二年度训练内容编排

（1）U6组幼儿园大班上学期前5期训练内容。

比赛训练：二人制比赛；一对一；三人制比赛；二对二。

技术：内跨、外挡外拨、交替内跨；交替内挡；外扣外拨、内跨外扣。

个人战术：空当运球；摆脱射门；变向摆脱；连续摆脱。

（2）U6组幼儿园大班上学期后5期训练内容。

比赛训练：二人制比赛、一对一、二对二、三人制比赛。

技术：内扣、交替内扣；脚背内侧射、假射外拨或前拖；外跨、外跨换脚内拨、外拨。

个人战术：摆脱射门；突破对手；假射摆脱；突破射门。

（3）U6组幼儿园大班下学期前5期训练内容。

比赛训练：一对一；二对二；三人制比赛。

技术：外扣外拨、外扣连扣、内跨外扣外拨；内扣、内扣连扣；后拖、前拖及组合。

个人战术：摆脱对手；连续摆脱；变向运球；摆脱射门。

（4）U6组幼儿园大班下学期后5期训练内容。

比赛训练：二对二；一对一；三对三；一对G；三人制比赛。

技术：外跨换脚内拨或外拨；脚背正面射、内扣、假射外拨或内扣；快运外跨。

个人战术：摆脱射门；突破射门；远距离射门；快运突破。

3．启蒙阶段第三年度训练内容编排

（1）U8组一年级上学期前5期训练内容。

比赛训练：二人制比赛；一对G；一对一；二对二；三人制比赛；三对三。

技术：脚背内侧运、内挡内拨；内挡换脚内推、交替内挡、内挡连挡；内跨外挡外拨、交替内跨；脚背外侧运；前拖换脚内推、外拨、前拖连拖；后拖换脚外拨、后拖连拖。

个人战术：空当快运；摆脱射门；摆脱对手；逼近对手摆脱。

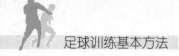

（2）U8组一年级上学期后5期训练内容。

比赛训练：二对二；一对G；二人制比赛；一对一；三人制比赛；三对三；四人制比赛。

技术：脚背正面射；脚背外侧运外拨、假射外拨或前拖；内扣内拨和换脚外拨、交替内扣、假射内扣和外拨；外跨换脚外拨和内拨、交替外跨；快速运球。

个人战术：摆脱射门；突破射门；突破对手；逼近突破；快运抢射。

（3）U8组一年级下学期前5期训练内容。

比赛训练：二助一对一；一对G；二助二对二；四对一；六对一；五对二；四助二对二；四组一对一；三人制比赛；四对二；三对一；二助三对三；五人制比赛。

技术：脚背外侧传、接、蹭、射；假传外拨和前拖；外扣外拨、外扣连扣、假射外扣；脚内侧传、接、射；假射内拨或外拨、假传内扣或外扣、假传拖转。

个人战术：一脚出球；快速抢射；假射摆脱；假传变向；控球摆脱。

小组战术：小组控传；稳妥射门；整体移动；倒脚控传。

（4）U8组一年级下学期后5期训练内容。

比赛训练：二对二；一对G；三对三；一对一；二加二对二；二对一；二助二对二；核助一对一；二助三对三；五人制比赛。

技术：脚背外侧射；外跨换脚内拨、外拨；内扣、交替内扣、假射内扣；后拖、假后拖、交替后拖；脚背外侧传、接；脚内侧传、接、接转；脚内侧射门、突破射门、一接一射。

个人战术：摆脱传球；摆脱射门；突破射门；快运推进；助攻传球。

小组战术：小组控传；稳妥推进；倒脚控传；一插一传。

4．启蒙阶段第四年度训练内容编排

（1）U8组二年级上学期前5期训练内容。

比赛训练：五人制比赛；四对二；G助三对三；G助一对一；核助三对

三；四助一对一和二对二；三加二对三；四对四；二助三对三；二助一对二；二对一；三对三；四人制比赛。

技术：脚内侧接、接转、传；外拉内推或外拨；脚底接；假传前拖、后拖、内扣、外扣；脚内侧大力传。

个人战术：摆脱射门；迎球接球；摆脱接应；前插接应。

小组战术：小组控传、一插一传、后套前插、空当传球。

（2）U8组二年级上学期后5期训练内容。

比赛训练：三对三；一对一；二对二；核助二对二；核助一对一；G助三对三；二助二对二；四助一对一；一助一对一；五人制比赛；G助一对一；一对一助二。

技术：脚背正面射、假射外拨或内扣；外拨或内扣或交替内扣或外跨突破；脚内侧射门；脚背外侧传、接、接转、推接；脚背外侧射；脚内侧传、接、接转、推接；脚内侧和脚背外侧护接、移动护接或推接。

个人战术：假射推进；摆脱接球；前插接球；摆脱接应；前场护控；前插接应；突破射门。

小组战术：小组控传；大力远射；核心组织；助攻传球。

（3）U8组二年级下学期前5期训练内容。

比赛训练：五人制比赛；四加一对二；二助二对二；一助一对一；六对三；五加一对三；二助三对三；二助四对四；三对三；二对一；三对二；四对四；三对三助一对一；二助一对一；G助一对一。

技术：脚内侧传、接、运带传；脚背内侧传、蹚传、接转、护球；脚背外侧接、传、假传拖转；脚内侧大力传、射。

个人战术：运带观察；突破射门；接应保护；摆脱接球；助攻传球；转移传球；大力传球；护球摆脱。

小组战术：控传推进；拉开进攻；转移进攻；摆脱要球；一插一传；后套前插。

（4）U8组二年级下学期后5期训练内容。

比赛训练：G助二对二；G助一对一；五人制比赛；二助二对二；三对三；二助四对四；二助三对三；二对二；一对一；四对四；三对二助一对一。

技术：脚背内侧射、假射；脚内侧接转、推接；外跨、交替外跨；脚内侧、脚背外侧大力传、假传拖转；脚内侧、脚背外侧和脚底护接。

个人战术：假射推进；连续突破；助攻传球；摆脱接转；前点摆脱；前插射门。

小组战术：一传一插；一插一传；包抄射门；多点包抄；后套前插；前点护控助传。

（二）启蒙阶段第一年度训练进度编排

多年训练计划的年度训练进度编排一般是采用表格的形式，表格是依据训练次数、比赛场数及时间总量等设计架构，表格的结构、内容和顺序编排是按照预先设定的固定模式。具体训练内容的编排，要根据各个成长阶段的训练内容纲目及其年度训练内容，要根据队员的天赋条件和接受能力而确定，还要按照训练进度内容编排的一般原则，把诸多具体内容按照一定的逻辑和层次编排到固定的表格里，形成合理的诸多内容的先后顺序、内容组合及必要的重复次数等。本著把启蒙阶段每个年度设定为10个训练小周期，依照我国校制分为上学期和下学期各4期，每学期18周教学分别制作"1~9周"和"10~18周"两个9周进度表，连续4周为一期，每个进度表第九周为阶段小结周，每周一个小节的模块是3次训练课的内容，寒假和暑假各1期是综合复习小周期。

每一份进度表左侧为"1~9周"和"10~18周"的周次，每周一个模块左右两栏合为一个训练小节3次课的训练内容。左栏按照降阶顺序依次是训练主题、战术训练、技术训练和热身练习，启蒙阶段统一不安排比赛场景的训练环节。训练主题是比赛训练形式及主要战术的陈述，文字阐述包括攻守对抗人数与具体战术内容；战术训练是完成技能转化的对抗训练内容，相对减少了比赛训练人数，降低了比赛训练难度；技术训练是围绕主题所需的1~2项纯技术的内容，是技术操作方法的训练；热身练习是综合的各种准备练习的内容，是为整体训练做准备。右栏是按照训练课实际顺序的热身练习、技术训练、技能训练和比赛训练的内容，是把各项内容做更为具体的阐述或说明，其中热身练习包含了比赛演练的内容，技术训练要阐述具体细致的技术，战术训练也要阐述具体的对抗形式和人数，比赛训练要阐述融合技术运用的战术内容。

　　启蒙阶段进度表的编排需要体现和适应幼儿的特点，也要与后续的初级阶段的进度相呼应和衔接。一般启蒙阶段的比赛训练需要以游戏性质为主，技术训练要以简单的单个技术为主并多次重复，进度相对较缓，比赛训练内容也要多次重复，比赛训练设计要简单、不断变化及易于获得成功和快乐体验。进度表的周与周及其课与课的内容不仅有多次重复和新旧内容搭配，而且启蒙阶段的每个年度及每个小周期都会有系统性的重复。之后的初级阶段，技术训练的组合技术内容要逐渐增多并逐渐复杂，但比赛训练仍然以游戏性质为主。中级阶段的进度设计会更加细致、复杂，并且战术训练内容逐渐增多。但不管怎样，训练进度编排需要建立在一个整体的理念和框架之内，再根据不同地区和单位的特点、队员基础、比赛时间安排及训练不同目标等做出具体的设计，见表5-2至表5-5。

表5-2 启蒙阶段U6组4~5岁幼儿园中班上学期1~9周进度

	训练主题、战术、技术与热身	训练课教案的内容顺序
一	主题：二人制空当运球、摆脱射门比赛游戏 战术：一对一空当运球、摆脱绕障射门游戏 技术：脚背内侧运、内挡内拨、运绕射门 热身：脚背内侧运、内挡、拖踩及听令踩球游戏	1.左右脚背内侧运、内挡、拖踩及听令踩球游戏 2.左右脚背内侧运、内挡内拨绕障射门循环游戏 3.一对一空当运球、摆脱绕障射门的游戏 4.二人制利用空当运球、摆脱射门的比赛游戏
二	主题：二人制左脚运控、摆脱射门比赛游戏 战术：一对一左脚运控、摆脱绕障射门游戏 技术：脚背内侧运、内挡内拨、运绕射门 热身：脚背内侧运、内挡、拨挡及听令游戏	1.左右脚内侧运、内挡、拨挡及听令踩坐跪游戏 2.左右脚背内侧运、内挡内拨、绕障射门循环游戏 3.一对一左脚空当运控、内挡内拨绕障射门游戏 4.二人制左脚空当运控、摆脱射门比赛游戏
三	主题：三对三内挡变向摆脱三向射门游戏 战术：一对一内挡变向摆脱三向射门游戏 技术：脚背内侧运、左右脚内挡、内拨射门 热身：运球内挡、交替内挡、内拨射门游戏	1.左右脚运球内挡、交替内挡、内拨射与挡游戏 2.左右脚背内侧运、交替内挡运绕射门循环游戏 3.一对一内挡、交替内挡变向摆脱三向射门游戏 4.三对三内挡变向摆脱三向射门比赛游戏
四	主题：三对三左脚内挡摆脱三向射门游戏 战术：一对一左脚内挡摆脱三向射门游戏 技术：脚背内侧运、交替内挡、内拨射门 热身：运球内挡、交替内挡、内拨射门游戏	1.左右脚连拨、运球内挡、交替内挡射与挡游戏 2.左右脚背内侧运、交替内挡运绕射门循环游戏 3.一对一左脚内挡、交替内挡内拨三向射门游戏 4.三对三左脚内挡、交替内挡三向射门比赛游戏
五	主题：一对一变向变速摆脱四向运穿游戏 战术：一对一变向变速摆脱双向运穿游戏 技术：脚背外侧运、前拖内拨、变向变速 热身：脚背外侧运、前拖及运绕比快游戏	1.左右脚背外侧运、前拖快运及运绕比快游戏 2.左右脚背外侧运、前拖内拨及运绕比快循环游戏 3.一对一前拖变向摆脱、内拨快运双向运穿游戏 4.一对一前拖变向前拖、变速快运四向运穿游戏
六	主题：一对一左脚前拖摆脱四向运穿游戏 战术：一对一左脚前拖摆脱双向运穿游戏 技术：脚背外侧运、前拖内拨、变向变速 热身：脚背外侧运、前拖及运绕比快游戏	1.左右脚拖踩、脚背外侧运、前拖及运绕比快游戏 2.左右脚背外侧运、前拖内拨及运绕比快循环游戏 3.一对一左脚前拖内拨摆脱、双向运穿对抗游戏 4.一对一左脚前拖内拨摆脱、四向运穿对抗游戏
七	主题：二人制运控摆脱射门的双门比赛游戏 战术：一对一运控摆脱射门的双门对抗游戏 技术：脚背外侧运、外拨、前拖外拨摆脱 热身：脚背外侧运、外拨、前拖内拨及游戏	1.左右脚背外侧运、外拨、前拖及交叉运绕游戏 2.左右脚背外侧运、外拨、前拖及运绕循环游戏 3.一对一运控外拨、前拖摆脱射门的双门对抗游戏 4.二人制运控外拨、前拖摆脱射门的双门比赛游戏
八	主题：二人制左脚摆脱射门的双门比赛游戏 战术：一对一左脚摆脱射门的双门对抗游戏 技术：脚背外侧运、外拨、前拖外拨、内拨 热身：脚背外侧运、外拨、前拖内拨及游戏	1.左右脚背外侧运、前拖内拨及十字交叉运绕游戏 2.左右脚背外侧运拨、前拖内拨及运绕循环游戏 3.一对一左脚前拖外拨摆脱射门的双门对抗游戏 4.二人制左脚前拖外拨摆脱射门的双门比赛游戏
九	主题：三人制交替前拖摆脱、快运射门比赛 战术：一对一连续变向摆脱四向运穿游戏 技术：脚背外侧运、快运前拖、交替前拖 热身：脚背外侧运、前拖及老鹰抓小鸡游戏	1.左右脚背外侧运、快运前拖及老鹰抓小鸡游戏 2.左右脚背外侧运、快运交替前拖及运绕循环游戏 3.一对一连续变向摆脱四向运穿的对抗游戏 4.三人制交替前拖摆脱、快运射门的比赛游戏

比赛训练：二人制比赛；一对一；三对三；三人制比赛。

技术：脚背内侧运、内挡内拨；脚背外侧运；前拖内拨和换脚外拨、交替前拖。

个人战术：空当运球；变向摆脱；摆脱射门。

表5-3 启蒙阶段U6组4~5岁幼儿园中班上学期10~18周进度

	训练主题、战术、技术与热身	训练课教案的内容顺序
十	主题：二人制运控摆脱射门的比赛游戏 战术：一对一运控摆脱射门的对抗游戏 技术：脚背正面射门、一对G外拨摆脱射门 热身：脚背正面射门、外拨射门及游戏	1.脚背正面射门、外拨射门及双向射门游戏 2.运绕一对G外拨摆脱射门及循环练习游戏 3.一对一运控外拨摆脱射门的对抗游戏 4.二人制运控外拨摆脱射门的比赛游戏
十一	主题：二人制左脚运控摆脱射门比赛游戏 战术：一对一左脚运控摆脱射门对抗游戏 技术：脚背正面射、外拨摆脱、一对G射门 热身：脚背正面射门、外拨射门及游戏	1.脚背正面射门、外拨射门及双向射门游戏 2.运绕一对G左脚外拨摆脱射门及循环游戏 3.一对一左脚运控外拨摆脱射门的对抗游戏 4.二人制左脚运控外拨摆脱射门的比赛游戏
十二	主题：二人制假射摆脱推进门的比赛游戏 战术：一对一假射摆脱推进门的对抗游戏 技术：脚背正面射门、假射内拨、外拨射门 热身：脚背正面射门、假射摆脱及门门游戏	1.脚背正面射门、假射摆脱往返门门游戏 2.一对G假射内拨或外拨摆脱射门循环游戏 3.一对一假射内拨或外拨射门对抗游戏 4.二人制假射摆脱推进大力射门的比赛游戏
十三	主题：二人制左脚假射摆脱射门的比赛游戏 战术：一对一左脚假射摆脱射门的对抗游戏 技术：脚背正面射门、假射摆脱、一对G 热身：脚背正面射门、假射摆脱及门门游戏	1.脚背正面射门、假射摆脱往返门门游戏 2.一对G快运假射摆脱、大力射门的循环游戏 3.一对一左脚假射摆脱、推进射门的对抗游戏 4.二人制左脚假射摆脱、推进射门比赛游戏
十四	主题：二对二摆脱加速、突破对手过线游戏 战术：一对一摆脱加速、突破对手过线游戏 技术：外拨、外跨换脚外拨、加速快运 热身：外拨、外跨换脚外拨及闯关游戏	1.左右脚外拨、外跨换脚外拨及快运闯关游戏 2.外跨换脚外拨及一对一突破闯关循环游戏 3.一对一外拨、外跨换脚外拨突破游戏 4.二对二外拨、外跨换脚外拨突破过线游戏
十五	主题：二对二左脚外跨、突破对手过线游戏 战术：一对一左脚外跨、突破对手过线游戏 技术：外拨、左脚外跨换脚外拨、加速快运 热身：外拨、外跨换脚外拨及快运闯关游戏	1.左右脚外拨、外跨换脚外拨及快运闯关游戏 2.外跨外拨摆脱及一对一突破闯关循环游戏 3.一对一左脚外拨、外跨摆脱突破过线游戏 4.二对二左脚外跨、外跨摆脱突破过线游戏
十六	主题：二对二摆脱加速、突破射门对抗游戏 战术：一对一外跨摆脱、突破射门对抗游戏 技术：外拨、外跨换脚外拨、加速快运 热身：外拨、外跨换脚外拨及连续闯关游戏	1.左右脚外拨、外跨换脚外拨及连续闯关游戏 2.外拨、外跨换脚外拨及突破射门循环游戏 3.一对一外跨摆脱、加速突破射门的对抗游戏 4.二对二外跨摆脱、加速突破射门的对抗游戏
十七	主题：二对二交替外跨、突破射门对抗游戏 战术：一对一交替外跨、突破射门对抗游戏 技术：外跨、交替外跨推拨、加速快运 热身：外跨、交替外跨及连突闯关游戏	1.左右脚外跨、交替外跨及连续突破闯关游戏 2.外跨、交替外跨及连续突破射门循环游戏 3.一对一交替外跨摆脱、突破射门对抗游戏 4.二对二交替外跨摆脱、快运突破射门游戏
十八	主题：三人制摆脱突破、快运射门比赛游戏 战术：二对二摆脱突破、快运射门对抗游戏 技术：外跨、交替外跨推拨、一对一突破 热身：外跨、交替外跨推拨及快运比赛游戏	1.相向外运外跨、交替外跨推拨及快运游戏 2.外跨、交替外跨一对一突破射门循环游戏 3.二对二外跨摆脱突破、快运射门对抗游戏 4.三人制交替外跨、快运突破射门比赛游戏

比赛训练：二人制比赛；一对守门员；一对一；二对二；三人制比赛。

技术：脚背正面射门；外运外拨、假射外拨和内拨；外跨换脚外拨、交替外跨。

个人战术：摆脱射门；突破对手；突破射门。

足球训练基本方法

表5-4　启蒙阶段U6组4~5岁幼儿园中班下学期1~9周进度

	训练主题、战术、技术与热身	训练课教案的内容顺序
一	主题：一对一变向摆脱、多向运穿对抗游戏 战术：一对一变向摆脱、双向快运运穿游戏 技术：脚背内侧运、内挡、双脚快运运穿 热身：脚背内侧运、内挡、双脚拨挡及游戏	1.左右脚背内侧运内挡、双脚拨挡及运穿比快游戏 2.左右脚脚背内侧运、交替内挡及连续绕穿游戏 3.一对一运球内挡变向摆脱、双向快运运穿游戏 4.一对一内挡变向摆脱、多向快运运穿对抗游戏
二	主题：一对一连续变向摆脱、多向运穿游戏 战术：一对一连续变向摆脱、双向运穿游戏 技术：脚背内侧运、交替内挡、双向绕穿 热身：脚背内侧运、内挡、拖滚拨挡及游戏	1.左右脚背内侧运内挡、拖滚拨挡及运穿比快游戏 2.左右脚背内侧运、内挡摆脱及连续快绕穿游戏 3.一对一连续内挡变向摆脱、快运双向运穿游戏 4.一对一连续变向摆脱、多向快运运穿对抗游戏
三	主题：一对一逼近对手、变向摆脱占垒游戏 战术：一对一逼近对手、变向摆脱攻垒游戏 技术：脚背内侧运、外挡、内挡、变向快运 热身：脚背内侧运、外挡及母鸡抖老鹰游戏	1.左右脚背内侧运、外挡外拨及母鸡逗老鹰游戏 2.左右脚背内侧运、外挡、内挡及快绕垒游戏 3.一对一逼近对手、外挡或内挡摆脱攻垒游戏 4.一对一逼近对手、变向摆脱快运占垒对抗游戏
四	主题：一对一逼近对手、左脚控球占垒游戏 技能：一对一逼近对手、左脚控球攻垒游戏 技术：脚背内侧运、外挡、内挡、变向快运 热身：脚背内侧运、外挡及母鸡抖老鹰游戏	1.左右脚背内侧运、外挡、内挡及母鸡抖老鹰游戏 2.左右脚背内侧运、外挡、内挡及快运绕垒游戏 3.一对一逼近对手、左脚护球摆脱攻垒游戏 4.一对一逼近对手、左脚外挡或内挡摆脱占垒游戏
五	主题：二对二空当运球、摆脱四向绕穿游戏 战术：一对一空当运、摆脱四向绕穿游戏 技术：前拖内拨、换脚外拨、快运四向绕 热身：前拖内拨、换脚外拨及听令踩拖游戏	1.左右脚前拖内拨、换脚外拨及听令踩拖游戏 2.左右脚前拖内拨、换脚外拨及快运四向绕穿游戏 3.一对一空当运球、前拖变向摆脱四向绕穿游戏 4.二对二空当运球、变向摆脱四向绕穿对抗游戏
六	1比赛：二对二左脚空当运球四向绕穿游戏 2战术：一对一空当运球、左脚前拖四向运穿 3技术：前拖内拨、前拖连拖、快运四向绕穿 4热身：前拖内拨、前拖连拖及听令踩拖游戏	1.左右脚前拖内拨、连拖及听令内挡、前拖游戏 2.左右脚前拖内拨、前拖连拖及快运四向绕穿游戏 3.一对一空当运球、左脚前拖摆脱四向绕穿游戏 4.二对二空当运球、前拖摆脱四向绕穿对抗游戏
七	主题：二对二空当快运推进双向攻门游戏 战术：一对一空当快运推进双向攻门游戏 技术：脚背正面射门、前拖连拖、快运射门 热身：脚背正面射门、前拖及折返门游戏	1.左右脚背正面射门、前拖及方形折返射门游戏 2.左右脚背正面射门、前拖外拨及折返运射门游戏 3.一对一空当快运推进、双向攻门游戏 4.二对二空当快运推进、变向摆脱双向攻门游戏
八	主题：二对二空当快运、双向攻门游戏 战术：一对一空当快运、双向攻门游戏 技术：脚背正面射门、交替前拖、快运射门 热身：脚背正面射门、交替前拖及方形游戏	1.左右脚背正面射门、交替前拖及折返门游戏 2.左右脚背正面射门、交替前拖及折返运射门游戏 3.一对一空当快运、交替前拖摆脱双向攻门游戏 4.二对二空当快运、交替前拖摆脱双向攻门游戏
九	主题：三人制变向摆脱、快运射门比赛游戏 战术：一对一变向摆脱、加速快运射门游戏 技术：前拖、换脚内推、加速快运摆脱 热身：运控前拖换脚内推及踢对手出局游戏	1.左右脚外运前拖、换脚内推及踢对手出局游戏 2.左右脚运控前拖、换脚内推、双向脚正面射门 3.一对一前拖、换脚内推摆脱、快运射门对抗游戏 4.三人制变向摆脱、加速快运射门比赛游戏

比赛训练：一对一；二对二；三人制比赛。

技术：脚背内侧交替内挡；脚背外侧运、前拖内拨外拨、前拖连拖；脚背正面射门。

个人战术：变向摆脱；逼近对手摆脱、空当运球、空当快运。

116

表5-5　启蒙阶段U6组4~5岁幼儿园中班下学期10~18周进度

	训练主题、战术、技术与热身	训练课教案的内容顺序
十	主题：一对一变向摆脱、突破对手过线游戏 战术：一对一外跨、推拨突破闯关循环游戏 技术：外跨换脚内拨、前拖推拨、加速快运 热身：外跨换脚内拨、前拖及变向快运游戏	1.左右脚外跨换脚内拨、前拖变向快运游戏 2.左右脚外运外跨换脚内拨、前拖快运游戏 3.一对一外跨换脚内拨快运闯关循环游戏 4.一对一外跨换脚内拨突破过线游戏
十一	主题：一对一左脚外跨推拨突破对手过线游戏 战术：一对一左脚外跨突破对手过线游戏 技术：外跨换脚内拨、外拨、前拖推拨快运 热身：外跨换脚内拨外拨、前拖及快运游戏	1.左右脚外跨换脚内拨外拨、前拖相向游戏 2.左右脚外跨换脚内拨内拨、前拖、快运游戏 3.一对一左脚外跨、前拖连续闯关循环游戏 4.一对一左脚外跨、前拖突破对手过线游戏
十二	主题：二对二变向摆脱加速、突破射门游戏 战术：一对一外跨摆脱加速、突破射门游戏 技术：外跨、换脚内拨外拨、快运射门 热身：外跨、换脚内拨外拨及相向跨拨游戏	1.左右脚外跨、换脚内拨、外拨及相向游戏 2.左右脚外跨换脚内拨及突破射门循环游戏 3.一对一外跨换脚内拨外拨、突破射门游戏 4.二对二变向摆脱加速、突破射门对抗游戏
十三	主题：二对二左脚外跨推拨、突破射门游戏 战术：一对一左脚外跨摆脱、突破射门游戏 技术：外跨、换脚内拨外拨、突破快运射门 热身：外运外跨、换脚内拨及相向跨拨游戏	1.左右脚外运外跨、换脚内拨及相向跨拨游戏 2.外跨、换脚内拨外拨及突破射门循环游戏 3.一对一左脚外跨突破射门的对抗游戏 4.二对二左脚外跨摆脱加速、突破射门游戏
十四	主题：三人制假射推拨摆脱射门比赛游戏 战术：二对二假射推拨摆脱射门对抗游戏 技术：脚背正面射门、假射前拖外拨、推拨 热身：脚背正面射门、假射前拖及对射游戏	1.脚背正面射门、假射摆脱及双向射门游戏 2.假射前拖、正脚背射门及突破射门游戏 3.二对二假射推拨摆脱射门的对抗游戏 4.三人制假射摆脱、推进射门的比赛游戏
十五	主题：三人制左脚假射摆脱射门比赛游戏 战术：二对二左脚假射摆脱射门对抗游戏 技术：脚背正面射门、假射外拨前拖、推拨 热身：脚背正面射门、假射外拨及对射游戏	1.正脚背射门、假射摆脱及双向射门游戏 2.左脚假射前拖、推进射门及突破射门游戏 3.二对二左脚假射前拖外拨、摆脱射门游戏 4.三人制左脚假射推拨、摆脱射门比赛游戏
十六	主题：一对一运控摆脱、四向运绕对抗游戏 战术：一对一运控摆脱、双向运穿对抗游戏 技术：脚背内侧运内跨外挡、金鱼摆尾游戏 热身：脚背内侧运内跨外挡及技术组合游戏	1.左右脚背内侧运、内跨外拨前拖组合游戏 2.左右脚背内侧运内跨外挡、金鱼摆尾游戏 3.一对一运控摆脱、双向运穿的对抗游戏 4.一对一运控摆脱、快运四向绕穿的对抗游戏
十七	主题：一对一左脚内跨摆脱、四向绕穿游戏 战术：一对一左脚内跨摆脱、双向运穿游戏 技术：脚背内侧运内跨外挡、金鱼摆尾游戏 热身：脚背内侧运内跨外挡及技术组合游戏	1.脚背内侧运内跨外拨及与前拖组合游戏 2.脚背内侧运内跨外拨、快运双向运穿游戏 3.一对一左脚内跨外挡、双向运穿游戏 4.一对一左脚内跨外挡外拨、四向绕穿游戏
十八	1比赛：三人制运控摆脱、推进射门比赛游戏 2战术：二对二运控摆脱、推进射门对抗游戏 3技术：脚背内侧运、交替内跨、一对一摆射 4热身：脚背内侧运交替内跨及突破封锁游戏	1.脚背内侧运、交替内跨及突破封锁线游戏 2.脚背内侧运、交替内跨及摆脱射门游戏 3.二对二内跨、交替内跨摆脱射门的对抗游戏 4.三人制运控摆脱、推进射门的比赛游戏

比赛训练：一对一；二对二；三人制比赛。

技术：外跨换脚内拨、外拨、前拖、假射前拖；内跨外挡外拨、交替内跨。

个人战术：突破对手；突破射门；摆脱射门。

第六章
足球训练主题与要点

训练主题是一次足球训练课或几次训练课所要解决的主要问题；训练要点是一次训练课的一项训练内容要达到预期的目的在训练操作上所需要把控的若干关键点。把训练主题和训练要点专门拿出来做探讨，是因为两者在具体训练实施过程中有着至关重要的作用。

足球训练课是整个足球训练过程最基本的构成单位，是完成具体训练任务及实现整体训练目标的实质性推进步骤，足球训练课必须围绕一定的训练主题而展开。训练主题是整体训练计划与具体训练实施的连接点，是训练课教案设计的依据和依托，任何整体训练计划都是通过训练主题的具体实施而落实的。

训练要点是训练课某一项训练内容的某些关键性操作环节，训练要点的内容范畴很宽泛，诸如组织方法、训练方法、训练重点、示范讲解、兴趣调动等都可以转化成训练要点。训练要点很大部分是教练员主观认知和灵活运用的成分，主要标准是看能不能对完成训练内容及控制训练效果起到关键性的作用。不同的训练内容会有不同的训练要点，相同的训练内容也会因为训练目的、方法和教练员不同而有不同的要点，而且训练要点是一个训练实践操作中需要把握的问题，所以训练要点虽然有很多共性的规律和驾驭方法，但其特点是具有灵活性和机动性。训练内容与训练要点是主体与辅助的关系，又是相辅相成和相互对接的关系，训练内容决定训练要点，确定一个训练内容就会有与之对应的若干个训练要点，离开训练内容的训练要点是没有效用的；反过来训练要点对训练内容具有反作用，训练要点是训练内容的关键支点，抓住训练要点是完成训练内容和达到训练目标的必要环节。

第一节　足球训练主题

无论是国际足坛的各级教练员培训还是各类技术研讨，都大量地使用"训练主题"这一专业词汇，训练主题越来越成为一个重要的概念。各级教练员培训的考核主要是完成规定训练主题的训练课设计与训练操作，这是评估考核是否通过的主要依据。在日常足球训练及各种业务交流中都是把训练主题放在重要位置，都是把围绕对训练主题的理解、执行及表达是否准确作为议题。各种培训和研讨活动如此重视训练主题的问题，是因为具体的训练一定是以训练主题为核心并贯彻始终的。所以加强对训练主题问题的认识不仅是适应国际培训和研讨的需要，更是我们提高业务素养的必要环节。以下探讨分两个主题，即训练主题是训练课的核心要素和训练主题的体系构建。

一、训练主题是训练课的核心要素

"训练主题"既是足球训练中的常用词语，又是足球训练课设计的第一位要素，但我们在足球训练实践中并没有足够重视和充分利用训练主题的作用，这是我们需要重新审视的问题。以下探讨包括三个问题，即训练主题概念及其解读、训练主题是训练课的核心要素及国外训练主题问题的考证。

（一）训练主题概念及其解读

训练主题是一次或几次足球训练课要解决的主要问题，是对训练内容所做的整体性概括，是训练课设计的首要和核心要素。"训练主题"是目前各种国际足球培训中使用最多的流行词语之一，对训练主题的理解和演绎是各级教练员培训执教能力考核的主要内容。训练主题作为培训的考核是对教练员训练认知和执行操作能力做出评价，一个主题是考核教练员对整个训练体系中一个训练问题和知识点的把控能力，出色完成一个主题也就具备了对整体训练一个支点的驾驭能力。例如：日本业余级（D级）教练员培训的实践考核试题库有上百个考题，每一个考题都是队员成长必要的训练主题，受训教练员具备对每一个考题的理解和训练实操能力，也就初步具备了指导业余初级足球训练的能力；相应年龄阶段的队员接受了全部主题的训练也就打下了全面的基本功基础。训练主题是融入了比赛训练形式和所要解决的主要训练问题，技术性问题包括比赛实战中的技术、战术、体能和心理等细分的问题及其综合性问题。所以四项比赛基本要素的每一项都可以细分成为无数的主题，而各项要素的综合问题就更不计其数了。队员处于不同成长阶段的训练主题会有很大差异，例如：启蒙阶段的训练主题以技术和个人战术为主；初级阶段的训练主题以技术、个人战术和小组战术为主；中级阶段的训练主题以小组战术、局部战术和素质内容为主；高级阶段的训练主题以局部战术、整体战术和体能内容为主等。训练主题多数要把比赛训练、技术训练和战术训练综合起来，一般不是单独的技术、战术和体能的某一方面的问题，而是以比赛训练形式综合各项内容而有侧重地解决某一方面的问题。

（二）训练主题是训练课的核心要素

足球训练课主要是由非物化要素和物化要素构成的，非物化要素包括训练主题、训练目标、训练各项内容、训练组织方法、训练要点、训练要求、技术次数、运动量和训练强度等；物化要素包括训练人数、训练场地、训练设施、训练器材等。物化要素主要是训练过程中所需要的物质支撑，是完成训练任务所必需的物质基础和保证。非物化要素与物化要素之间是主体与辅助、决定与被决定的关系，非物化要素是训练课的决定性要素，物化要素完全是由非物化要素决定的，确定了非物化要素的内容及其训练设计构思，才可以确定物化要素的内容、数量规格及具体摆放等。足球训练素材以从比赛中截取典型比赛片段最为优质，以上训练课的非物化要素都是训练素材的衍生品，是教练员把训练素材经过提炼和加工变成训练所需的诸多训练课要素。

训练主题是教练员依据现有训练素材及综合地权衡队员成长和比赛取胜的

需要，凭借经验而确定的训练所要解决的主要问题。训练取材之后训练课设计的第一步就是确定训练主题，所以训练主题是训练素材加工而成的第一个衍生品。训练主题就像写作确定题目，对于接下来的训练设计及训练实施具有决定性作用。训练课的其他非物化要素同样是训练素材加工成的衍生品，包括训练目标、训练各项内容、训练组织方法、训练要点和训练要求等，但这些衍生品是以训练主题为核心，是围绕完成训练主题的需要而进行转化和加工的。训练主题与其他训练课要素虽然都是训练素材共生的衍生品，但训练主题却是训练课的核心和主导，其他训练课要素则是外围和辅助性的。没有训练主题，其他各项要素就无从谈起，其他训练课要素必须围绕训练主题的需要而进行加工和改造，也就是说训练课的目标、内容、组织、方法、要点、要求等要素，都是为训练主题服务的，所有其他要素的设计和编排都要与训练主题相匹配。但完成训练主题也离不开其他要素发挥作用，训练主题的表达和展示必须通过其他要素的配套设计与组织实施。训练课教案的设计就是把训练素材经过加工、选配和编排等，以训练课要素的形式呈现在教案格式上，训练主题是通过其他要素的组织实施来表达的。

（三）国外训练主题问题的考证

日本业余足球教练员培训基本等同于我国的D级教练员培训，要取得教练员资格就要形成对训练主题的正确理解和达到执教实操的标准。考核是前后两次从试题库100余例考题中抽取不同的训练主题，试题库的考题都是执行训练大纲所必备的技能和知识点，考核合格即具备U10年龄组带队的资格。日本业余教练员培训是围绕这些典型的训练主题培养学员的执教能力，目标就是培养具备组织U10年龄组队员按照相应训练大纲的执教能力。国际足联委派德国籍讲师史蒂芬先生到我国做职业教练员培训，史蒂芬的培训思路也大体相同，是以执教实操能力考核为核心和归着点，执教实操能力考核内容基本是职业队训练需要完成的训练主题。史蒂芬虽然没有建立试题库及对考核主题做严格的分类和系统罗列，但培训三个阶段要进行5次执教实操考核，而且前后主题的内容有着紧密的逻辑关系和很强的职业队训练的系统性。日本和德国教练员培训的共同点是以训练主题为核心，重点培养执教实操能力，包括理论讲授、课堂讨论与理论考核也都是围绕执教实操能力培养的需要。这种把训练主题归纳成系统化的执教实操能力考题，再围绕训练主题解决学员执教能力的思路和做法，是国际上通行的先进培训模式，值得我们深入研究和全面借鉴。目前，国际上对教练员岗位培训之后的后续跟踪与继续考评十分重视，日本足协建立了常规的业余足球教练员上岗后的业绩考核制度，重视教练员的执教阅历和实践经验累积情况，一般达到继续考评的合格要完成试题库一半以上训练主题的教案设计及具体训练的执行和操作。继续培训是一个重要的工作环节，每一个教练员上岗之后都要被抽查和考核，是从自己设计的教案中随机抽取1~2份教案，再通过执教实操的评价作为上岗后的"继续考评"，以此评价教练员是否具备业余少儿足球队的执教能力及确认后续的培养方向。

二、训练主题的体系构建

国外教练员培训所建立的训练主题试题库，是通过训练主题的形式把教练员执行训练大纲必备的诸多知识点串连起来。其实就是青少年训练大纲分阶段地建立训练主题体系，教练员培养是在建立一定知识体系的基础上，把教练员执行训练大纲的执教实操能力作为培养的重点。以下探讨包括有关训练主题问题的反思、训练主题体系的构建和初级阶段U10组训练主题系统构成。

（一）有关训练主题问题的反思

足球训练最重要的环节是通过训练实践解决实际的问题，这种执教能力往往就体现为训练主题的教案设计及其训练操作的水平。特别是从事启蒙和初级阶段训练的教练员，主要工作是围绕训练主题进行简单的训练实操，而不是掌握系统和高深的理论问题。由于以往我们长期缺乏正确训练理念的指导和没有训练主题的概念，无论是从事足球训练还是教练员培训的课程设计，也包括体育院校的足球专业课程教学，都很大程度上偏离了足球训练的实际需要。足球训练没有训练主题的概念，训练就很难围绕一个中心而有重点、有步骤地层层推进，也容易造成训练目标含糊和内容松散。以往的教练员培训和专业课程教学都过多地把时间和精力用在了所谓系统理论学习上，实际上造成了培训与实际工作的脱节。

我们应当从各种国际培训的学习和交流中得到启示，也需要对以往的问题和弊端做反思，就是培训要使教练员理解先进足球理念的实质及其方法体系的核心内涵，比如：无论是担任教练工作还是参加教练员培训，都要重视"实践结合理论"的基本模式，就是要先经过实践及实践经验的积累，再逐渐学习和深入理解、消化理论，没有实践的理论就是空中楼阁，试想：一个没有任何实践基础的足球教练，怎么可能很好地理解和消化训练理论问题呢？当然，我们不是不要系统的理论学习，而是要在执教实践的基础上结合实际地学习，足球教练员培训及其他任何足球课程的教学，都需要树立围绕解决实际问题的思路，要纠正以往培训所存在的目标、理念和方法上的偏差。为了确保我国大面积的基础足球训练既有明确的方向，又有具体的方法指导，我们还需要分阶段地建立我们自己的训练主题构成体系。

（二）训练主题体系的构建

1．训练主题的文字阐述

训练主题是对一次训练课做整体和精要的文字概括，要求直观、简明、形象地表述训练的核心内容和大体形式。足球训练课的核心和重点都是训练最后一段的比赛训练，训练主题一般要阐明比赛训练的形式，比如："二对二"、"五对五"、"八对八"及"五加二对五"等，主题冠以比赛训练形式可以直接体现以比赛实战为核心的基本理念。一次或几次训练课更多是以解决具体和微小的比赛细节问题为目的，也就是要在一定的比赛训练形式下解决具体的技术、战术、体能和心理问题，前文所探讨的足球训练计划基本内容架构是完整的足球训练内容体系的构成。从足球训练是由比赛和训练两大要素构成来看，比赛方面是指参加的正式比赛，不属于训练主题体系范畴的内容，或者是一种特殊的训练主题内容；训练方面，比赛训练形式既是训练主题命名的组成部分，也代表了对抗训练内容的形式。训练主题的阐述还要体现训练所要解决的技术、战术、体能和心理等具体细分的内容。训练主题不管是以解决整体和综合的比赛实战问题为目的，还是以解决具体的某一个技术、战术和体能的细节问题为目的，都要以综合的比赛对抗为训练的核心和主要形式，要把技术训练、战术训练和体能训练统合在比赛训练形式中，但所采用的比赛训练形式及其之前的对抗训练和非对抗训练形式一定要达到所设定的训练目的。综上所述，训练主题的阐述一般是在一定的比赛训练形式之下，具体地解决技术、战术、体能的细节问题及综合地解决比赛整体或局部的问题，而队员各个成长阶段的积累正是需要完成无数训练主题共同构成的系统训练。

2．各个阶段的比赛训练形式及主题范围

（1）启蒙阶段U6和U8年龄组。

比赛训练主要采用"一对一"至"四对四"的人数形式，训练主题范围是个人攻守技术与个人攻守战术的内容，参加训练人数8~12人为合理。

（2）初级阶段U10和U12年龄组。

比赛训练主要采用"三对三"至"六对六"的人数形式，训练主题范围是个人攻守技术、个人攻守战术和小组攻守战术的内容，其中U10年龄组比赛训练较多采用"一对一"至"四对四"的形式，训练主题侧重在个人攻守技术和个人攻守战术的内容，U12阶段训练主题侧重在个人攻守技术和小组攻守战术的内容，参加训练人数为12~16人为合理。

（3）中级阶段U14和U16年龄组。

比赛训练主要采用"四对四"至"八对八"的人数形式，训练主题范围是个人攻守战术、小组攻守战术、局部攻守战术和素质训练的内容，U14年龄组比赛训练较多采用"四对四"至"六对六"的形式，训练主题侧重在个人攻守战术、小组攻守战术和运动素质训练的内容，U16阶段训练主题侧重在小组攻守战术、局部攻守战术和素质训练的内容，参加训练人数16~22人为合理。

（4）高级阶段U18和U20年龄组。

比赛训练主要采用"四对四"至"十对十"的人数形式，训练主题在小组攻守战术、局部攻守战术、整体攻守战术和体能训练的范围，U20年龄组训练主题侧重在整体攻守战术和体能训练的内容，参加训练人数22~24人为合理。当然，各个成长阶段的训练内容和主题范围并不是截然分开的，而是可以相互调配、相互渗透的关系，而且由于不同的国家、地区，包括不同的教练员及其所带球队不同的队员状况等，各个成长阶段的训练主题的范围都会存在一定差异。

（三）初级阶段U10组训练主题系统构成

以下以初级阶段U10组为例介绍训练主题的系统构成，足球队员多年训练计划每个成长阶段的每个年度都有其训练主题的系统构成。根据初级阶段训练所采用的比赛形式和训练主题范围的设计，U10组比赛训练主要采用"一对一"至"六对六"的形式，训练主题范围是融合个人攻守战术的个人攻守技术内容。按照日本业余教练员培训执教实操能力考核试题库的训练主题系统构成，可以把U10组的训练主题构成分为9类个人技术和101个训练主题。其中9类个人技术分别是运球、控球（假动作）、个人突破、接球、传球、头顶球、射门、守门员技术、防守技术；101个训练主题都是以高水平少儿比赛中截取的典型比赛片段为素材，再经过加工精选出101个训练主题。101个训练主题成网状构成，基本涵盖了U10组队员所需要掌握的所有个人攻守技术，训练可以把所有个人攻守技术训练主题编排成序，U10组队员两年的系统训练需要全部完成101个主题的训练。具体U10组队员的训练主题系统构成如下：

1. 运球技术训练主题

（1）提高利用空间主动运球的意识与能力（主动运球）；

（2）提高利用空当向前推进运球的意识和能力（空当推进）；

（3）提高面对对手利用运球摆脱的能力（运起摆脱）；

（4）提高运球过程中观察与应变的能力（抬头观察）；

（5）提高运球过程中合理调整身位的能力（调整身位）；

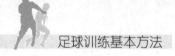

（6）提高根据场上需要变换运球节奏的能力（变换节奏）；

（7）提高双脚交替运球的能力（双脚运球）；

（8）提高利用大空当快速运球的能力（大空当快运）；

（9）提高向预期目标快速推进运球的能力（目标快运）。

2．控球（假动作）技术训练主题

（10）提高利用控球技术变向的意识和能力（控球变向）；

（11）提高利用组合控球技术变向的意识和能力（诱深变向）；

（12）提高利用跨球假动作完成控球的意识和能力（跨球变向）；

（13）提高利用组合假动作完成控球的意识和能力（诱深内跨）；

（14）提高利用快运中控球急停摆脱的能力（快运急停）；

（15）提高利用连续快运控球变向摆脱的能力（连续快运急停）；

（16）提高利用合理身位侧身护球控球的能力（侧身护球）；

（17）提高运球行进中侧身护球控球的能力（运球护球）；

（18）提高面对对手主动挑逗的控球摆脱能力（主动挑逗）。

3．突破技术训练主题

（19）提高利用控球变向突破的能力（变向突破）；

（20）提高利用假动作变向突破的能力（假动作突破）；

（21）提高利用组合控球技术变向突破能力（组合变向突破）；

（22）提高利用组合假动作变向突破能力（连续假动作突破）；

（23）提高利用空当强行快运突破的能力（强行突破）；

（24）提高利用空当连续强行突破的能力（连续强突）；

（25）提高利用假动作结合控球技术变向突破能力（假控突破）；

（26）提高利用控球技术结合假动作变向突破能力（控假突破）；

（27）提高运球利用快慢节奏变化突破的能力（变化节奏突破）；

（28）提高快运中利用控球变向突破的能力（快运变向突破）；

（29）提高快运中利用假动作突破的能力（快运假动作突破）；

（30）提高突破、再突破的连续突破能力（连续突破）；

（31）提高快运中突破、再突破的连续突破能力（快运连续突破）。

4．接球技术训练主题

（32）提高无球接应角度和距离变化支持队友能力（接应角度与距离）；

（33）提高无球队员利用空当摆脱接应队友的能力（摆脱接应）；

（34）提高无球队员利用空间拉开、反拉接应能力（拉开接应）；

（35）提高队员之间利用交叉接应的能力（有球无球交叉）；

（36）提高无球队员利用位置轮转接应能力（轮转接应）；

（37）提高利用扯动和插上接应的能力（前插接应）；

（38）提高无球队员主动迎球接球的意识和能力（主动迎球）；

（39）提高迎球中选择身位和面向的意识和能力（迎球身位）；

（40）提高迎球中与队友呼应沟通的意识和能力（迎球呼应）；

（41）提高站位或移动中接地面球技术能力（站位接球）；

（42）提高摆脱或插跑中接地面球的能力（插跑接球）；

（43）提高接球连接转身面向进攻方向的能力（接球连接转身）；

（44）提高接球转身直接面向进攻方向的能力（接球直接转身）；

（45）提高接球连接身体护球技术的能力（接球连接护球）；

（46）提高身体卡位接球及连接护球摆脱的能力（卡位护接）；

（47）提高移动卡位接球及连接护球摆脱的能力（移动护接）；

（48）提高接球第一脚触球摆脱防守的意识和能力（第一脚触球摆脱）；

（49）提高接球第一脚触球攻击性的意识和能力（第一脚触球突破）；

（50）提高移动中用脚接空中球、反弹球能力（摆脱接空中球、反弹球）；

（51）提高卡位用脚接空中球、反弹球能力（卡位接空中球、反弹球）；

（52）提高利用胸部接高空球的能力（胸部接球）。

5．传球技术训练主题

（53）提高短传队友脚下的准确性（传球准确性）；

（54）提高短传队友移动身前球的准确性（传身前球）；

（55）提高短传队友合适力度球的意识和能力（传球力度）；

（56）提高脚内侧大力转传拉开或反拉队友脚下球能力（加力传球）；

（57）提高短传时机的把握能力（传球各种时机）；

（58）提高短传队友摆脱和插上刹那的时机把握能力（传球瞬间时机）；

（59）提高摆脱防守瞬间抢传的时机把握能力（摆脱传球）；

（60）提高利用隐蔽意图的短传意识和能力（隐蔽传球）；

（61）提高小组利用快速短传战胜逼抢的控传能力（快速倒脚）；

（62）提高利用脚背内侧准确长传的能力（准确长传）；

（63）提高创造和把握长传转移机会的能力（长传转移）；

（64）提高长传目标队友快速发动进攻的能力（快攻长传目标人）；

（65）提高长传反击打对手身后空当的能力（防反长传）；

（66）提高长传与短传结合连续转移进攻的能力（连续长传转移）；

（67）提高短传倒脚中传长给前点目标人的能力（长传目标人）。

6．头顶球技术训练主题

（68）提高利用头顶球防守高空球的能力（头顶球防守）；

（69）提高利用头顶球争抢高点、前点的能力（头顶球抢点）；

（70）提高利用头顶球拦截和传球的能力（头顶球拦截与传球）；

（71）提高利用前额正面头顶球攻门的能力（正额顶射）；

（72）提高利用前额侧面头顶球攻门的能力（侧额顶射）；

（73）提高利用头顶球抢点攻门的能力（抢点顶射）。

7．射门技术训练主题

（74）提高远距离起脚射门的能力（大力远射）；

（75）提高快运中完成射门的能力（快运射门）；

（76）提高准确远射能力（准确远射）；

（77）提高脚背内侧小角度准确射门能力（小角度射门）；

（78）提高门前利用脚内侧运球推射能力（门前推射）；

（79）提高一对一突破射门的能力（突破射门）；

（80）提高假射或控球横拨摆脱抢射能力（横拨抢射）；

（81）提高横向运球或回运转身射门能力（运带转身射门）；

（82）提高接横向来球连接射门的能力（接横传抢射）；

（83）提高侧向或背向接球转身射门能力（接转抢射）；

（84）提高前插接球射门"接与射连接"能力（一接一射）；

（85）提高门前卡位接球摆脱转身射门能力（护摆射门）；

（86）提高不同方向队友回做一脚直接射门能力（回做配合射门）；

（87）提高中远距离传中时一脚直接射门能力（传中射门）；

（88）提高门前包抄抢点及第二次抢点射门能力（门前抢点及二点抢射）；

（89）提高罚球区内"一接一射"的意识和能力（一二射门）；

（90）提高门前抢射和快速射门的能力（门前快射）。

8．守门员技术训练主题

（91）提高接平直球、低平球及上手抛球组织进攻能力（接平低球与抛球）；

（92）提高接、挡地面球及下手抛球组织进攻能力（接地面球与指挥站位）；

（93）提高接平高球和高球及踢球组织进攻能力（接高球与大脚开球）；

（94）指导守门员站位、移动及提高扑接球能力（扑接球及站位和移动）；

（95）提高与后卫队员控传倒脚和指挥进攻能力（配合倒脚与指挥进攻）；

（96）提高站位呼应及参与团队进攻指挥与防守组织能力（指挥整体攻守）。

9．个人防守逼压与抢球技术训练主题

（97）提高个人防守移动、选位及拦截的意识和能力（移动、选位与拦截）；

（98）提高个人防守对有球对手快速逼压的能力（防守逼压）；

（99）提高个人防守对有球对手的抢断能力（防守抢断）；

（100）提高防守抢失后重新选位的意识和能力（重新防守）；

（101）提高防守抢失后再抢的追抢意识和能力（连续追抢）。

初级阶段U10组队员高质量地完成101个训练主题的训练，就可以打下全面的基本功基础。101个训练主题是U10组队员基本功的101个支撑点，每一个训练主题都可以推导和演绎出多个主题，例如：一个训练主题又可以细分成多个小主题，任何一个主题都可以适用多个甚至无数个训练内容；还有一个训练主题的每一个训练要点和训练课要素都可以另外作为一个训练主题。所以训练可以根据需要重新增设更多的训练主题。反过来，训练实践中也会有一个训练主题包括多个训练主题内容的情况，青少年训练到了一个阶段的后期一次训练课会包含多个主题的内容。

完成一个训练主题要考虑各种主客观因素和条件，例如：由于队员的基础、天赋、年龄、身体状态的不同，还由于训练的环境、场地设施等条件的不同，也可能由于教练员业务水平及其目标与标准的不同等，会造成训练次数和时间跨度的巨大差异。再如：每一个训练主题的具体设计都要贯彻以比赛实战为核心的理念，训练不能脱离比赛和实战的需要，要以解决比赛实战的具体需要为归着点。采用周末赛制的训练模式是贯彻以比赛实战为核心的最好途径，只有多打比赛才能使训练与比赛达成统一，而避免陷入只训练不比赛的怪圈，这个怪圈包括那种把凑数的比赛也当比赛。要求U10组队员完成全部101个训练主题的内容，是为了解决队员比赛中所需全面的个人技术问题，所以在所有技术训练的同时，还需要兼顾队员洞察意识和沟通能力的培养，要与个人战术训练同步，如此才能打下全面和牢固的足球基本功基础。

第二节　足球训练要点

训练要点问题的探讨主要目的是掌握对足球训练课驾驭的技巧，任何一个教练员的任何一项训练内容都需要几个关键性环节的把控，这些训练中至关重要的环节就是训练要点。各种教练员培训都会交流训练课的控制问题，每一个有经验的讲师和教练都会有很多自己的训练心得，其中多数就是分享对训练要点的把控，由此足见训练要点把控的重要，所以训练要点是一个应当引起我们关注的问题。训练要点主要是对应如何完成训练内容的问题，把训练要点当作一个专门的课题来探讨，是希望大家能够认识到训练要点问题的重要性，还有就是要重新对这一训练课要素加以理解，能够从本质到外部对训练要点有一个全面的认知。训练要点问题的探讨包括两个大的主题，一个是训练要点是训练课的关键要素，另一个是训练内容的常规训练要点。

一、训练要点是训练课的关键要素

一次训练课的训练要点往往很多、很分散，训练要点是围绕一项训练内容而设定的控制训练效果的几个重要环节。训练要点也是训练课教案设计需要着重思考的问题，是训练课各项内容及其训练方法能不能收到实效的关键，是训练课各项要素相互联通和作用的纽带。以下探讨包括两个问题，即训练要点概念与解读和训练要点是训练课的关键要素。

（一）训练要点概念与解读

训练要点是为了达到对训练课某一项训练内容的控制而根据有效完成该项训练内容所设定的需要把握的训练关键环节。训练要点是直接作用于某一项训练内容并间接为完成训练主题服务，足球训练课作为最基本的训练构成单位，必须围绕训练主题而安排各项训练内容及具体的训练方法，从而达到教练员所预期的训练目标。训练要点是足球训练课诸多要素中与训练实施效果关系密切而又相对活跃的要素，主要体现在训练课每一个训练内容的训练方法操作的环节上，是连接训练内容的组织、教法、训练强度、练习次数、技术要求等训练课要素，及调整各要素之间关系的关键性环节，所以训练课每一项训练内容都是通过几个训练要点的把握而显现成效的，训练要点对完成任务发挥着重要的作用。训练要点整体上是训练课达到预期目的的关键环节，但具体的训练要点又是非常宽泛和分散的，诸如组织方法、训练方法、训练重点、示范讲解、兴趣调动等，更具体的人员分组、器材摆放、训练要求、训练难易度等都可以成为训练要点，所以训练要点很大程度上取决于教练员主观认知及如何灵活运用，训练要点对完成训练内容及控制训练效果起到关键的作用。不同的训练内容会有不同的训练要点，就是相同的训练内容也会因为训练对象、训练目的、方法采用和教练员的不同而有不同的要点，而且训练要点是一个训练实践操作中把握的问题，训练要点虽然有很多共性和事先预设的成分，但其特点是具有灵活性和机动性。

（二）训练要点是训练课的关键要素

前文我们已经讨论了训练课的训练主题与其他训练课要素的关系，也明确了训练主题是训练课及训练课诸多要素的核心和主导，这里我们要探讨训练要点与其他训练课要素的关系及其关键的问题。训练要点与训练课的物化要素的关系，这是需要首先明确的问题，训练课的人数分组、场地分割、设施摆放、器材使用等合理的物化要素利用，都可以直接成为训练课的训练要点，也就是说很多的训练要点是直接从物化要素中提取的，训练课训练要点的设计离不开物化要素的利用。此外的非物化训练课要素是由训练素材加工而成的"衍生要素"，包括训练主题、训练目标、训练各项内容、训练组织方法、训练要点、训练要求、技术次数、运动量和训练强度等，训练要点属于非物化要素的内容，也与诸多非物化的"衍生要素"有着更为密切的关系。就训练主题与训练要点的关系而言，两者是间接的主体与依附的关系，训练课都是围绕训练主题确定若干项具体的训练内容，训练主题决定各项训练内容。而具体训练内容与训练要点的关系，是训练内容决定训练要点，确定一个训练内容就会有与之对应的几个训练要点，两者又是相辅相成和相互对接的关系，离开训练内容的训练要点是没有效用的；反过来训练要点对训练内容具有反作用，训练要点也间接对训练主题起到支撑作用。训练要点与其他训练课要素的关系：首先，要了解训练要点不是独立存在的训练课要素，它是依附于其他要素而存在的，其他的任何一个要素及细分要素都可以成为训练要点；其次，训练要点是从其他要素或几个要素中提炼出来的"再衍生要素"，所以训练要点往往是经过再次提炼、综合和加工而生成的训练课要素。也正是因为训练要点是汲取其他各项训练课要素对训练内容的共同作用，它才成为训练课众多要素构成中的关键要素。

二、训练内容的常规训练要点

训练要点的表述首先是在训练课教案中训练要点的具体陈述，也就是说训练要点是训练课教案设计的内容之一。前文已经阐述了训练要点与其他训练课要素的关系及其对于训练的关键性作用，但如何把训练要点准确和恰当地在训练课教案中表述出来及发挥其作用，还需要进一步研究。以下探讨包括两个问题，即训练要点的实践运用和训练内容的常规训练要点。

（一）训练要点的实践运用

足球训练课教案的设计是由诸多训练课要素的陈述组合而成，在训练课要素之中，每一个要素都是很大的数量或空间上的伸缩范围，也就是说训练课要素都有很大的灵活性和可调性，所以任何一个主题的训练课教案都会因为时间、地点和教练员的不同而有很大的差异性。足球训练课的要素构成中，无论是各种非物化要素还是诸多的物化要素，这些训练课要素在训练课教案上的体现一定是每一个教练都有所不同。其中训练要点的实践运用问题尤其具有灵活性和差异性，训练要点的确定由于教练员的阅历、经验和业务水平的不同会有明显的不同。但优秀的教练员总是可以准确无误地抓住训练要点，这是由教练员的知识水准、业务素质及训练经验等综合决定的，在训练课教案的设计中如何确定训练要点，这在训练实践中并无绝对的标准，更多是根据教练员的综合判断和灵感闪现，但实际的训练课教案设计过程中还是有一些共性的规律的。无论是技术训练或战术训练还是体能训练或心理训练，以及具体每一个技术或战术及心理或体能训练的细节，都会有共性的训练要点。当然在有规律的带有共性的训练要点的罗列中还会有特殊或个性化的训练要点。在思考如何设定一个训练内容的要点的时候，还是有规律可循的，比如：训练内容会与训练课的某一个要素关系紧密，那么这一要素的某一个环节也就对训练具有关键性作用，把这一要素提取出来，再经过加工处理即变为训练要点；有时候一个训练

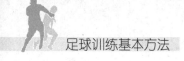

内容同时与几个要素关系紧密，此时需要把几个方面的要素综合再加工成一个训练要点。当然，训练要点的确定，永远都需要教练员的深入思考和综合判断，很多时候也需要临时随机应变地改变计划及重新抉择。

（二）训练内容的常规训练要点

任何训练内容都可以总结出有规律性的训练要点，但全面地阐述所有训练内容的训练要点是不现实的，接下来以技术训练为例，总结和归纳各类技术训练的常规训练要点，并对诸多训练要点做解释和说明。技术及技术训练之外的战术训练、体能训练和心理训练都可以分类归纳出更多及更细致的常规训练要点。

1. 运球与控球训练的常规训练要点

比赛中处于队员个人持球并仍然要保持控球的状态下，在场上可以利用的有限场地空间范围内，可以运用运球和控球技术继续保持个人对球的控制。总结和归纳运球与控球技术训练带有共性的训练要点如下：第一，抬头观察；第二，利用空当；第三，变向变速；第四，合理身位。运球和控球训练可以没有明确的进攻方向，也还会有很多其他的训练要点。以下仅就四个常规要点进行说明。

抬头观察：就是进行运球与控球训练时要求队员始终处于抬头和观察的状态，观察要做到三个兼顾，即兼顾进攻目标、场上对手及脚下的球。

利用空当：就是运球和控球训练时要随时注意寻找和利用空当，空当是没有防守队员的区域，利用空当运控球可以获得缓冲和寻求新的机会。

变向变速：就是不断改变方向和节奏，因为足球训练和比赛要在有对手逼抢的对抗条件下进行，不断利用方向和速度的变化使对手难以捉摸。

合理身位：就是要利用合理的控球和假动作技术随时调整身位，使身体始终处于球与对手之间，要根据对手的位置变化随时进行身位的变化。

2. 突破训练的常规训练要点

突破是在比赛中持球队员面对防守队员的情况下摆脱并超越对手，即从相对比对手远离对方球门到更靠近球门，突破是足球比赛争取主动及形成以多打少和射门的重要手段。根据突破技术运用的特点，可以总结和归纳出带有共性的常规训练要点如下：第一，逼近和观察对手；第二，前方有空当；第三，变向摆脱（假动作）；第四，加速超越。突破要求有明确的进攻方向，即必须面向对方球门的方向超越对手，突破需要在运球或控球的基础上，突破要点的把握也需要在运球和控球要点的基础上，同样突破也有很多其他细分的要点。以下仅就四个常规要点进行说明。

逼近和观察对手：逼近对手即利用运球面向并适度靠近对手，一般扣拨等用脚下技术变向摆脱要近身1米左右，利用假动作变向一般要2米左右，当然还要考虑运球速度因素。

前方有空当：对手身后要有较大的空当，就是摆脱对手后可以有较大的运球加速的开阔地，这样更利于超越对手及完成突破的任务。

变向摆脱（假动作）：利用控球技术突然变向或利用假动作变向摆脱对手，要根据对手与自己的位置关系及对手的移动情况而做合理的变向选择。

加速超越：利用摆脱后瞬间的机会加速快运和超越对手，突破训练需要建立和强化加速超越对手的意识，以争取主动及对对方形成更大的威胁。

3. 传球训练的常规训练要点

传球是比赛中持球队员在有接应队友及队友处于更有利于进攻的位置时，利用脚及其他合理部位把球传递给队友。传球是足球比赛中保持控球权及形成进攻配合的必要手段，也是获得进攻主动及形成射门机会的重要手段。根据比赛中传球技术运用的特点，总结和归纳出带有共性的常规训练要点如下：第一，准确；第二，力度；第三，时机；第四，隐蔽。传球是比赛中运用最多的技术，传球训练可以有方向性，也可以没有方向限制。传球的训练要点是在以上运球和控球及突破训练要点的基础上提炼出来的，同样有很多其他细化的要点。以下仅就四个常规要点进行说明。

准确：就是传球的精准和到位，包括对脚下、身前和空当的传球，传球给

移动状态的队友时还要对接应、摆脱或前插的速度和距离有预判。

力度：就是传球速度的控制问题，发力要讲求大小适度，力度恰当可以避免对手的拦截和抢断，又可以给同伴争取时间和创造时机。

时机：比赛中的传球机会是稍纵即逝的，特别是威胁性传球更是如此，精彩的传球一定是瞬间机会的把握，传球时机有时候需要抢先抓住，有时候又需要创造和控制节奏。

隐蔽：就是传球很多时候需要巧妙隐蔽自己真实的意图，制造传球的假象，而真实的传球在隐蔽中乍现，这是一种必要的策略。

4．接球训练的常规训练要点

接球技术是比赛中进攻方无球队员在队友传球过来时把球接停下来，是无球队员接应队友及前插要球时获得控球机会的必要技术，是形成配合和整体进攻的必要手段。接球在进攻队员之间相互配合时起到重要的连接和中转作用，可以根据接球技术运用的特点总结和归纳带有共性的常规训练要点如下：第一，观察接应；第二，迎球抢前；第三，合理身位与面向；第四，主动攻击。接球训练常规训练要点的总结和归纳，是在运球和控球、突破及传球训练要点归纳的基础上提炼出来的，队员接受接球训练要点需要有一定的短距离传球和接球技术的基础，接球训练同样有很多细化的训练要点。以下仅就四个常规要点进行说明。

观察接应：观察是要在接球前抬头看到目标、对手、队友和球四个要素，要做到四者同时兼顾，接应是在队友没有传球之前向适合传球的角度和距离的移动。

迎球抢前：就是在队员传球出脚的刹那，要主动、积极地争取尽早拿到球，是要采取前迎并尽可能抢在前点和对手之前。

合理身位和面向：就是选择合理的接球部位和技术方法，使身体居于对手和球之间，并尽可能地在接球的同时面向进攻方向。

主动攻击：是指接球时不仅仅要把球接控下来，还要有攻击意识，就是接球也要有攻击性，要争取接球同时形成直接的摆脱或突破。

5．头顶球训练的常规训练要点

头顶球技术是比赛中必不可少和队员必须掌握的技术，当球从高空或有时候的平高球和反弹球过来，为了在高点、前点和第一时间抢到击球点都必须采用头顶球技术。头顶球技术是比赛中进攻传球和射门及防守争高点和前点的必要手段。根据头顶球技术运用的特点，总结和归纳出常规训练要点如下：第一，抢前抢高；第二，击球部位；第三，合理技术；第四，安全保护。头顶球技术的训练要点具体到进攻和防守，还有更多具体的要点。例如：后场防守头顶球要顶向高远处和两侧；射门头顶球要低平和狠准等。以下就四个常规要点进行说明。

抢前抢高：就是头顶球尽可能抢占更前更高的击球点，抢点的观察判断需要在踢球人起脚的刹那，并随即做出积极的抢前抢高移动。

击球部位：击球部位包括头的部位和球的部位，部位的选择要根据来球的方向、速度和出球方向来确定用头的某个部位击球的某个部位。

合理技术：比赛中完成头顶球对队员的身体协调性有很高的要求，顶球的发力顺序、身体姿势、额面角度和顶球方法等都要符合技术要求。

安全保护：头顶球的安全保护包括两个方面，就是完成对抗争顶技术过程中的手臂自我保护动作和落地的缓冲技术动作。

6．射门训练的常规训练要点

射门是比赛中完成进攻的最后一个环节，一般是持球队员个人完成射门或无球队员门前一脚直接射门，射门技术的方法很多很复杂，也是比赛中难度最大的技术。射门是比赛得分的必要手段及组织进攻的最终目的，根据射门技术运用的特点，总结和归纳出带有共性的常规训练要点如下：第一，抬头看球门与观察守门员；第二，利用假射；第三，靠近球门；第四，把握机会。射门是比赛中机会不多和难以把握的技术，射门训练重在对门前瞬间机会的把握能力。射门训练的四个常规要点是以诸多技术训练要点的总结为基础的，此外还有很多细致的训练要点。以下仅就四个常规训练要点做解读。

抬头看球门与观察守门员：是完成射门必行的第一步，要在抬头看球门和守门员同时，也要兼顾其他对手与队友的活动情况。

利用假射：就是所有防守的核心要务是阻止射门，在门前需要抓住对手这一心理，利用假射摆脱和突破对手或把球推进到更利于射门的位置。

靠近球门：是从大量的数据统计中得出的结论，就是射门机会虽然非常难得和难以把握，但在有可能的情况下还是要尽可能地接近球门完成射门，而不要盲目和急于求成。

把握机会：就是比赛中一旦出现射门良机就必须把握住，出现绝对机会及利用节奏变化和假射躲过封堵往往很难得，所以把握机会需要抢射并需要射手的天赋。

7．抢球及其防守逼压训练的常规训练要点

抢球是比赛中防守方争取取得控球权的有效手段，是利用对方持球队员出现疏忽或技术破绽的时机，防守队员采取拦截、断抢或强抢的主动出击行动。抢球是获得更多由守转攻机会的积极措施，是防守重获球权和赢得比赛主动的必要手段，根据抢球技术运用的特点，总结和归纳出常规的训练要点如下：第一，干扰和寻找破绽；第二，快速出击；第三，全力以赴；第四，连续追抢。抢球在比赛中虽然需要主动出击，但多数情况更需要被动地根据对手的行动而随机做出抢球动作，所以完成有效的抢球技术需要非常专门的训练过程，特别是在抢球速度、节奏变化和短瞬时间差利用等方面下功夫，抢球技术尤其需要在反应、动作速度和动作幅度方面进行大量的专门训练。抢球训练四个常规训练要点的总结和归纳，是在以上诸多进攻技术训练要点总结的基础上提炼出来的，抢球训练还有很多细致的要点。以下仅就四个常规要点做解读。

干扰和寻找破绽：就是靠近对方持球队员的防守方队员要采取主动干扰对手的行动，同时观察和寻找对手犹豫不决、背向自己及技术失误的机会。

快速出击：就是一旦发现对手出现犹豫或技术破绽，要以快速的逼抢移动

及各种抢球技术动作完成断抢或抢球。

全力以赴：就是一旦决定实施抢球，就要不遗余力地使用抢球的技术，要表现出果断、有力、凶狠及敢于对抗。

连续追抢：就是实施抢球的多数情况控球权在对方脚下，一次简单的抢球往往无法抢到或把球破坏掉，抢球要养成连续抢和追抢的习惯和作风。

抢球技术实施之前常常会有防守逼压的技术行动，逼压技术的训练要点是：第一，抓住时机；第二，相距1米；第三，侧身压位；第四，低身看球。采取抢球技术行动的速度快还可以形成断球或拦截，断球和拦截的训练要点是：第一，专注对方控球人出脚；第二，迎球起动前移；第三，减速缓冲变向；第四，抢身位和利用倒地。

第七章
足球训练指导与要求

　　训练指导是指教练员在足球训练过程中通过语言、肢体语言及其他各种沟通形式对队员施加影响，帮助队员建立正确认知和取得技术进步的指示性和引领性的举措和方法。训练要求是专指教练员根据足球训练课完成各项训练内容的需要而对队员训练表现所提出的诸多规格和规范上的标准和限定，这些标准和限定的核心是技术方面，也包括训练态度和纪律表现方面的内容。

　　训练指导与训练要求是相互联系和统一的关系，训练指导的重要目的是促使队员按照训练要求完成各项训练内容，训练要求必然要通过教练员的训练指导而得以表达和实现。教练员的训练指导要通过多样的语言和肢体语言的沟通使队员接受某些观点和信息，并要对队员训练行为和训练效果发挥效用。训练指导要与先进的训练理念和方法相一致，而且在指导方法上要符合教育学、心理学、运动训练学、法学及行为学等多种学科的规律和原理。所以足球训练指导综合地反映着教练员的专业素养及其知识面和阅历，足球训练只有通过有效指导才能使队员达到训练要求的标准。

　　本章主要针对我们传统的训练指导与要求中存在的问题和不足，并引用一些国际上普遍采用的先进的指导模式与方法，探讨并使大家理解先进的足球训练指导与要求的原理、方法及其重要模式。

第一节 足球训练指导

足球训练指导是教练员与队员之间沟通和交流的方式方法，直观上反映的是教练员对队员的指挥和控制能力，实质上反映着教练员的专业知识、业务技能和执教水平。训练指导对队员的成长和进步有着深刻的影响，也综合和全面地体现着教练员的职业素养。以下探讨包括两个主题，其一是足球教练员的素质，其二是足球训练指导方法。

一、足球教练员的素质

足球训练是一个长期和艰难的过程，训练过程中要面对很多复杂和细致的问题，足球教练员是一个需要具备全面和综合素质的职业。教练员的成长是不断学习和积累的过程，进而才能具备良好的素质及有效地指导训练。在此专门探讨足球教练员的素质，是因为足球训练质量很大程度上是由教练员的素质决定的。一个优秀的教练员需要具备哪些基本素质呢？以下探讨包括足球教练员的多重角色和足球教练员的素质两个问题。

（一）足球教练员的多重角色

一个足球教练所具有的素质并不仅仅表现在训练和比赛中，而且还表现在训练和比赛之外的诸多方面。德国足球界有一句俗话：教练员对足球训练和比赛的控制20%在场内，80%在场外。其意思是足球教练员在训练和比赛之外要担当很多的角色，还有很多艰苦的工作要做。经过很多专家的总结和概括，一个成功的足球教练员必须同时承担多重角色。

1．在学习和创新方面的角色

（1）是不断学习进取和广泛交流的学生。"活到老学到老"形容足球教练员非常贴切，教练员一方面要参加国际足球权威和优秀机构的培训，不断学习和汲取先进和前沿的思想成果，能够把握足球技术发展的主流；另一方面必

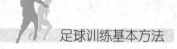

须学会在观察和交流中学习，包括对高水平比赛的观察、对其他优秀教练员训练的观察、与前辈和同行的交流及与社会各界和队员的交流，教练员要为自己建立更大的学习和交流的平台。

（2）是能够运用逻辑和数据分析及对球队做出评价的理论家。一个优秀的教练员需要掌握正确的足球概念和先进理念，并建立和形成符合逻辑的先进训练理论与方法体系，能够运用逻辑和数据的科学方法分析及评价球队的现状与发展的可能，能够用先进的手段和方法把球队不断带上新的高度。也就是说优秀足球教练员需要具备深厚的理论功底，要成为一个把握未来足球发展趋势的理论家。

（3）是一个勤于训练方法探索和创新的开拓者。任何一个优秀的教练员都清楚，每个阶段、每一天及每一次训练课的训练方法都要不断重新设计和创新，教练员不仅要学习和掌握先进的足球训练理念与方法，而且能够根据每一批和每一个队员的不同而不断变化和更新训练方法，训练方法创新是每一个教练员永远的任务和课题。

2．在知识、技能传授和帮助队员成长方面的角色

（1）是不断传授新知识和新技能的教师。每一个教练员在长期的足球训练过程中，都要不断地把很多新知识和新技能及经典故事和做人道理传授和讲授给队员，所以在很多的时候，教练员就是一个教师的角色。队员的成长远远不是训练和比赛场上呈现的一切，要真正让队员成才，教练员必须系统地向队员传播知识和使队员不断增长才智。

（2）是不断改善和提高队员身体素质的体能教练。教练员所担当的无论是哪一个成长阶段队员的训练任务，都要把队员身体素质的提高和体能发展放在一个重要的位置，而且不同成长阶段的青少年队员又有各自身体素质发展的敏感期和特点，所以每一个教练员都要学习和了解科学训练体能的知识与方法。

（3）是随时鼓励和支持每一个队员的良师益友。教练员需要与每一个队员成为朋友和形成相互信任的关系，而且要利用各种渠道和方法与队员建立密

切的沟通和交流关系。因为每一个队员的训练和比赛表现及其自信心都是起伏不定的，队员与队员、队员与教练员之间的关系也常常处于微妙的变化之中，教练员作为长者应当随时给队员以鼓励和帮助，取得队员的信任是教练员的财富，也是球队战斗力的保证。

3．在训练管理和外交事务方面的角色

（1）是善于协调各方面关系及组织和调动资源的管理者。一个教练员必须是一支球队的领导者和管理者，作为球队管理者要善于沟通和协调队内、队外的各种关系，并主要抓好球队内部的管理。要组织和调动各种人力资源和财力资源，挖掘团队及每一个队员的潜力，要有明确和公平的权利与义务、职责分工、利益分配及奖罚制度，利用和发挥正、副队长，球队骨干及新、老队员各自的特点和作用，一个球队的管理就是一个完整的团队管理。

（2）是球队规范制度与奖惩规章的制定者和执法者。足球训练既是队员技术成长进步、接受教育和身体健康发展的过程，同时又是接受法制教育、形成纪律观念及养成团队意识的过程，有时候还需要军事化管理，要运用必要的法治和纪律教育的手段。规范管理的法治和纪律规章建设不是喊口号和做样子，需要让每一个队员形成一种习惯，而作为教练员则一定要是一个严于律己和赏罚分明的执法者。

（3）是保持球队与外界交流及参与社会事务的社会活动家。足球的项目特点决定了球队必须与社会各界、同行及其他球队建立友好和稳定的关系，以保证球队能够参加足够场数的比赛，及维持球队的经济运作、技术交流和信息共享等。足球教练员为了球队的利益和获取更多的社会资源，需要培养和提高自己参加社会活动的意识和能力，现在的足球训练一定是开放和面向社会的，球队闭门造车就会失去很多的声援和资源。

（4）是球队对外事务的公关形象代言人。任何级别的球队一旦取得较好的成绩，往往都会成为社会关注的焦点，球队也会与社会各界产生各种关联。足球教练员很容易成为公众人物，此时教练员的言行不仅代表个人，也代表球

队整体的意志，更应当符合大众的意志和社会整体的诉求，所以教练员还要加强个人修养，与上层领导、新闻界及与各种媒体保持友好和健康的关系，特别是言论一定要符合球队整体和社会大局的需要。

（二）足球教练员的素质

足球教练员的素质是教练员个人各种知识、能力、阅历和修养的多元构成和综合表现，这一素质构成包括拥有合理的知识结构和能力结构，有着多种不同的要素形式和内容。训练指导虽然主要是教练员采用各种沟通方法促使队员达到训练要求，但训练指导过程需要教练员拥有多方面素质的支撑，教练员素养和人格魅力的形成，既要具备足球专业技能，又必须具备全面和综合的素质，以下从三个方面说明训练指导对教练员的素质要求。

1. 足球教练员的基本素质

（1）必须要有高度的职业精神和意识。足球教练员是一个专业化程度极高的职业，包括每个成长阶段及其细分组别的教练员，都必须实行专职对岗和全身心投入，否则教练员无法达到理想的高度。欧洲类似"U12职业教练""专职体能教练"等叫法，是指教练员职业更具有专门性和专一性。足球教练员首先必须要讲专业素质，其次才是综合素质，如果我国教练员在职业精神和意识方面不向足球发达国家看齐，就很难摆脱落后和挨打局面。

（2）系统掌握用于提高队员技能和球队竞技实力的足球训练知识与方法。这是足球教练员需要具备的最基本的素质，这种专门和系统的训练知识与方法是教练员完成训练工作的基础和主要支撑，是教练员的核心能力和素质。教练员需要不断学习、探讨和扩充自己足球训练方面的知识、技能和方法，这些是教练员平日阅读、总结及培训学习的主要内容。

（3）了解和掌握对足球训练起辅助支撑作用的大量相关学科的知识和技能。足球教练员单纯依靠足球专业知识和技能是远远不够的，必须要掌握很多足球以外的相关知识、技能和技巧。很多学科诸如社会学、心理学、运动生理学、解剖学等学科的知识，表面上看与足球训练没有关系，实际上这些是教练员提高个人素质不可缺少的知识和技能，足球训练方面的知识和技能必须要与其他学科的知识和技能相融合。

（4）优秀青少年教练员需要掌握更全面的专业知识和技能。现在的青少年教练员虽然呈现分工细化和职业化的趋势，比如：很多足球发达国家的青少年教练员基本是相对固定地被安排在某个组别。但毕竟青少年训练每个年龄组教练员的人员配置有限，远不如真正职业队教练员配置那样齐全和分工细致，所以，青少年教练员需要具备更加全面的专业知识和技能。

2．足球教练员的专业素质

（1）具备基本的足球技能和比赛能力。教练员自身要经过全面和系统的足球训练，具备技术动作示范和比赛示范的能力，也要拥有随队参加训练和比赛的踢球经历及比赛经验。这些是教练员做好训练工作的重要基础，因为足球训练要求教练员做很多技术动作示范和直观演示，而且教练员的入门学习、问题理解及深入感悟等都需要一定的技术基础和踢球经历。

（2）具备比赛观察与指导及调度与控制方面的能力。除了组织训练之外，对各种比赛的观察和考察也是教练员重要的工作内容，教练员主要通过不断的比赛取胜而体现其价值。教练员的重要素质之一是能够审时度势地指挥和驾驭比赛，这种能力的重要基础是对比赛局势的观察和判断，进而根据比赛需要合理地组织和调配队员，从而达到对比赛的有效控制。教练员指挥和调度比赛的能力需要长期的自我培养和修炼过程，对比赛的微妙环节的观察和准确判断能力，及因势利导地改变场上局势的应变能力，都需要有艰难探索的过程。

（3）具备战略布局和宏观规划能力。这是球队发展战略设计和宏观规划方面的问题，其中的公共关系处理必须纳入整体的战略设计之中，所谓宏观规划就是从战略角度思考足球训练问题，要充分分析好足球训练工作的各种影响因素及其利弊关系，"凡事预则立，不预则废"，教练员要利用一切有利因素，趋利避害地做好训练规划及每一个具体环节的工作。

（4）具备对足球训练和比赛的管理能力。足球教练员对球队的训练和比赛管理已经成为球队建设的重要工作，无论是担任何种级别和类型球队的教练员工作，球队的训练和比赛管理都是整个球队训练工作的重要组成部分，往往很多教练员只重视训练和比赛的安排，却缺乏相应的管理，这是需要我们重新认识和加以重视的工作环节。

（5）具备驾驭训练原则与方法的能力。人们在长期的训练实践中总结出很多具有普遍意义的运动训练原则与方法，这些我们必须遵循的原则与采用的方法都不是信手可得的，符合训练规律的训练原则和行之有效的训练方法，仍需要结合具体的训练实际，要经过反复的实践应用检验，重新与足球训练实际相对接和融合，教练员只有把理论上的原则与方法更多地结合于实践，才能真正掌握这些原则与方法的实质与原理，才能在训练中不断创新。

（6）具备运用逻辑和数据原理分析问题的能力。运用逻辑和数据原理分析问题可以渗透到足球训练过程的方方面面，这里的逻辑与数据分析是指依据足球规律和科学数据，探讨和推导足球训练中的问题，例如：训练方法设计必须包含六个训练要素。再如：训练或比赛中的传球次数、射门次数及其成功率的前后对比及与对手的对比等。这些都属于逻辑分析和数据分析的内容。

3．足球教练员的执教素质

（1）良好的语言和肢体语言表达能力。足球训练和比赛场上，教练员主要是通过语言和肢体语言与队员沟通及传递信息和指令，教练员的训练指导都是通过语言和肢体语言完成的，除了少数的室内理论课及利用视频播放和战术板演示之外，教练员多种学科和门类的知识和技能都要通过语言和肢体语言传递给队员，所以教练员精简和练达的语言能力与准确和形象的肢体语言能力，是教练员完成训练指导的主要方式方法，也是准确提出训练要求及完成训练任务的重要手段。

（2）组织调度和对队员的控制能力。取得良好训练效果的前提是对训练的有效组织和控制，这也是整个训练过程的关键环节，教练员需要培养自己的组织和控制能力。临场组织和控制能力需要教练员不断摸索，也需要长时间对队员的教育，使其养成良好习惯，此过程中教练员必须耐心和反复地对队员进行细节的强化，也要结合各种管理手段、教育手段、惩罚手段及游戏手段等，逐渐形成良好的球队面貌和训练作风。

（3）具备基本的保健和医务知识。足球由于是一项带有激烈性和对抗性的运动，训练和比赛中随时可能出现伤害或某些疾病，很多时候需要对队员进行医务处置。教练员掌握一些基本的保健和医务知识，可以增强防护意识及更科学地组织热身和拉伸活动，能够有效地避免队员的无谓受伤；而一旦出现意外伤害事故时，教练员也可以在没有医务人员在场的情况下对队员进行及时的救护和处理，可以避免出现危害的增大或不良后果。

（4）具备心理学和社会学知识。心理学和社会学好像与足球训练没有太大的关系，实际上它们之间有着千丝万缕的联系，也对足球训练有着重要的指导作用。教练员要掌握更宽泛和广博的知识，了解队员及队员成长过程中所需要遵循的更多的共性规律和原理，这对教练员了解队员和加强管理及促进队员的全面发展都具有重要的作用。

（5）了解基本的解剖学和生理学知识。足球训练的人体结构和机能的变化及训练效果的控制等，都是可以遵循一定的规律和原理的，与运动人体科学有着高度密切的关联，了解和掌握解剖学、生理学及生物化学等方面的基础知识，不仅可以更好地调整和控制训练过程和效果，而且对于预防伤害事故及提高科学化训练水平具有指导意义。

（6）具备良好的身体素质和心理素质。足球训练是一项充满快乐和挑战的工作，同时作为教练员也担负着较大的责任，要真正成为业务优秀和功夫过硬的好教练，不仅需要努力钻研及大量地投入时间和精力，还要承受教育和培养人才及比赛成绩方面的压力，这一切都需要教练员拥有良好的身体素质和心理素质。

二、足球训练指导方法

足球训练指导主要是方法问题，足球训练指导方法是一个一直受到普遍关注的传统问题，又与现代科技和现代教育思潮发展高度相关，并且训练指导在不断借鉴和融合很多技术手段及各学科的原理。就我国教练员对足球训练指导的认识及训练指导表现而言，我们确实认识落后并存在很多问题。以下探讨包括三个问题，分别是我国训练指导的局限与误区、足球训练指导方法和几种重要训练指导模式简介。

（一）我国训练指导的局限与误区

现实中我国教练员的训练指导与国外教练员相比存在差距和不足，这种差距和不足体现在训练指导的方方面面，简单概括我们的训练指导，就是方法过于简单和直接。如果从人才培养战略和现代教育理论分析，我们的训练指导存在认知与方法上的局限和误区，忽视了队员能够自我认知与感悟的一面，更是违背了现代教育提倡的启发式和互动式教学的原理。我们的训练指导强调的是对训练问题的指出和认识，而忽视了训练指导的多重意义、综合效应及对队员深刻和持久的影响。表面上教练员单刀直入地指出问题，可以让队员马上意识自己的错误和不足，而且有时候指导队员纠正错误和改进不足的效果并无不好。这种简单和直接的指导方法可以简化成如下的结构模式："发现问题—指出和认识—训练纠正。"此模式等同于我国传统教育的"灌输式"方法，可以称之为"传统指导模式"，实际上这种指导模式存在认知的局限和方法上的误区。如果教练员偶尔采用这种模式或者是处在训练中指导状态，这种模式也是可行的。但足球训练是一个长期的过程，训练指导所要追求的不只是眼前的短期效益，指导过程还要培养队员的自主意识和独立思考能力，培养队员的创造性思维能力。如果忽视对队员的启发和自主创新能力的培养，就会使队员养成被动执行教练员意图的习惯，这在队员早期成长阶段可能不会明显影响训练效果，但长此以往会影响队员主动和积极地面对问题，及阻碍队员独立和创造性解决问题能力的发展，结果对队员的智力储备和可持续发展是不利的。

关于足球训练的指导问题，我们必须要打开视野及瞄准长远的人才培养目标。足球训练指导是足球训练的重要环节，要意识到我们的队员拥有巨大的智力发展空间及思维与创新潜力，指导过程不应当只满足于解决眼前的问题，而要发挥他们所拥有的想象力和思维弹性，培养队员的自我意识、独立认知能力及比赛场上的创造力。训练指导实质上也是一个知识和技能的教育过程，现代教育的重要理念是教育不仅要传授知识和培养技能，还要同步完成认知能力、自主意识、协作精神及健全和完整人格的培养，尤其是带有个性特征的独立思考和创新能力的培养。足球训练的指导过程也是一样的，必须综合地采用启发式教学模式、研究式教学模式、团队协助式教学模式、互动式教学模式等，足球训练不仅要学习足球知识和掌握技能，还要追求队员综合素质的提高及满足长远足球人才培养的需要。很多先进教育模式的原理和方法之所以被用于足球训练指导，是因为足球训练指导与现代先进教育模式的原理与方法是相通的。所以从发展的角度分析，我们的足球训练指导需要突破原有认识和方法上的局限与误区，更多地引入启发式、引导式和互动式的指导模式，训练过程要让队员更多地自己发现问题、分析问题和解决问题，要充分调动、挖掘和利用队员原有的认知能力，发挥他们的主动性和能动性，鼓励并培养队员的独立思考和创新能力，这些是训练指导取得理想效果必不可少的环节。

（二）足球训练指导方法

1．指导方法及其分类

　　训练指导属于足球训练末端的重要环节，也是使队员产生认识改变和技术提高的关键环节，具体的指导方法是非常多样和复杂的。要形成对足球训练指导方法全面和清晰的认识，最优的选择就是对指导方法进行分类。平日我们是采取多种多样的路径与方式进行训练指导的，那么足球训练的指导究竟包括哪些具体的方法呢？解答了这个疑问也就消除了我们教练员宏观上认识训练指导方法的疑团。指导方法分类可以帮助我们打破传统训练指导在认识与方法上的局限，能够帮助我们提高对指导方法认识的清晰度及解决方法选用的问题。按照足球训练过程结构、训练指导情景及指导的目的等，可以对指导方法进行很多不同的类别划分，以下我们列举几种重要的指导方法分类形式。例如：按照主题部分的结构划分，可分为比赛演练训练的指导、技术准备训练的指导、技能转化训练的指导、比赛场景训练的指导和比赛实战训练的指导；按照是否把训练停顿下来的队员状态划分，可以分为训练叫停指导和训练中指导；按照训练指导的人数划分，可分为个别指导、小组指导和全队指导；按照指导进攻与防守划分，可分为进攻指导和防守指导；按照教育理论的教学方法原理划分，可分为启发式指导、探讨式指导、问题切入式指导、讲解式指导等。显然每一种分类方法还可以有很多的内容细分。

除了按照逻辑学原理进行指导方法的分类之外，还可以用归纳的方法把一些分散的训练指导方法做归类处理。例如：把训练和比赛之外的指导按照不同时间和形式归类，按照时间可以归为日常生活中指导和训练比赛之前指导；按照形式可以归为语言指导、录像视频播放指导和沙盘演示指导等。再如：按照教练员训练准备和方法操作所具有的指导作用归类，可以归为场地设计、器材摆放、训练组织、队员分组协作、训练方法演示和训练方法变换等类别；按照教练员使用的训练教具所具有的指导作用归类，可以归为多媒体类教具、沙盘类教具、仪器类教具等。以上只是从方法学上笼统地对足球训练指导方法进行分类和归纳处理，由此可以看到足球训练指导方法的丰富和多样。

2．语言与肢体语言指导方法的细分

足球训练指导方法虽然非常多样和复杂，但无论采用何种指导方法分类，显然都必然渗透语言和肢体语言的使用或结合使用，也就是说训练指导最终都是要通过语言和肢体语言的沟通，而达到对训练要点和要求的解释与说明。可见，无论指导方法如何种类繁多，训练主题的表达、训练要点的提示及训练要求的提出等，都需要结合运用语言和肢体语言。其实语言和肢体语言就是指导方法的内容，而且是最基本和最重要的指导方法。那么语言和肢体语言的指导方法在足球训练中是怎样运用的呢？我们同样可以用分类和归纳的方法分别对语言和肢体语言指导方法进行细分，如此把两者所包含的内容呈现出来。

语言和肢体语言指导方法显然是两种不同语言形式的指导方法，是因为训

练实践中两者总是结合着运用，所以才把两者合二为一。但作为这种指导方法的分类及类别细分，还是要把语言和肢体语言再一分为二，之后采用实践应用归纳的方法，分别把语言方法和肢体语言方法做细分归纳：语言方法可分为提问、讲解、命令、呼喊、评价、批评、提示要点及提出要求等；肢体语言方法可分为手势、示范、表情、体态、动作示意及位置移动等。但大家应当清楚，训练指导更多是以上各种语言和肢体语言的结合使用，以及与诸多其他指导方法的结合使用；还需要清楚，教练员的语言和肢体语言虽然往往简短和精练，但高水平的训练指导是讲求科学和技巧的，训练指导反映的是教练员的知识储备、认知能力、业务素养和执教水平。所以判定教练员是否优秀可以通过训练指导表现出来，教练员培训的执教能力考核通常就是通过对训练指导进行评价。以上训练指导的语言和肢体语言细分是通过对教练员训练指导实践的归纳，实际上就是综合反映教练员训练指导的形式与方法的原过程。语言与肢体语言的训练指导更多是通过术语、口令、示范、手势等简明的方式，所以作为教练员培训及教练员训练实践，都应当总结和归纳出更多的概念、术语、口令及简明的要点和要求，还有必要的手势和暗语等，高效的训练需要大量地使用简明扼要的语言和肢体语言，这样可以更加快捷和方便地达到训练指导的目的。

（三）几种重要训练指导模式简介

足球训练指导有很多行之有效的指导模式，这些模式就是一种指导方法或几种指导方法的组合。训练指导模式不是训练模式，或只是训练模式的一部分。很多在国际上得到公认并得到大范围推广的训练指导模式，需要我们作为学习和引进国外先进经验的一部分，所以这里需要有重点地介绍几种具有典型意义的指导模式。其实实践中现成的训练指导模式有很多，这里我们仅就几种重要的指导模式进行阐述和分析。

1. 启发式指导模式

教育理论的启发式教学已经被广泛运用到所有的教育领域，因为启发式教学是一种值得提倡的具有普遍指导意义的教学模式。足球训练是一个完整的教育过程，而且足球训练尤其提倡培养队员的想象力和创造力，相应的足球训练采用启发式指导模式是必然的要求。关于如何贯彻启发式指导模式的问题，其实并不高深和玄妙，关键是启动指导要从提问和引导开始，要促使每一个队员进入自己的独立思考和判断的状态。启动指导过程的问题是什么和队员回答的正误都不重要，重要的是把大家引入独立思考的状态；之后再通过对焦点队员及其他队员的答问、互问、补充、讨论、示范、演示等方式，在相互探讨和互动中逐步地找出问题的答案和要点；还要鼓励队员自己提出解决问题的思路和方案，并且在比赛场景下完成技术运用或团队配合的方案实施，这样更利于强化队员的意识和提高技术。当然，这种启发式指导模式的运用及过程效果的把控，还需要教练员不断在训练实践中摸索和总结。作为每一次启发式指导模式的开始，我们可以借用"6W+1H"的比赛观察模式的导向原理，就是指导的开始要利用多样的提问使队员开始对问题的思考，尽可能通过更多队员共同的探讨找到问题的答案及切入问题关键，此外的探讨式指导、互动式指导、研究性学习、互助式模式等，都可以作为一种训练指导模式，也都对队员具有启发作用，采用这种培养队员独立思考的指导模式，经过长期的积累就可以帮助队员形成比赛场上的独立思维习惯和创新思维意识。足球训练探索是一个开放和产生颠覆性变化的多彩世界，各种训练思潮和流派都在不断更新和重筑自己的训练方法体系，教练员启发式指导模式也在更多地与高科技手段和其他学科相结合，目的就是训练指导要避免思想禁锢和墨守成规，要摆脱陷入传统指导模式而不能自拔的状态。

2．足球基本功三个层次递进指导模式

足球队员的基本功是由技术技能、洞察意识和沟通智商三个方面构成的，这一基本功构成是一种先进训练理念的体现，正确认识足球基本功的三部分构成及其三个层次，同样对教练员的训练指导具有重要意义。通过对足球基本功三个组成部分在训练中的递进层次分析，欧美足球专家很快意识到，基本功三个组成部分同时是一个很好的足球训练指导模式。技术技能、洞察意识和沟

通智商是由低级到高级、由点到面、由个体到整体的三个层次，同时也是训练过程中教练员对队员由浅入深、由易到难、由简到繁地进行训练指导的一种递进模式。足球训练指导方法有很多成功的模式，训练指导必须要按照认识的规律、按照教育的规律、按照足球运动的规律来完成其指导过程，三项基本功刚好由队员的具体技术操作开始，到个人的场上洞察和判断意识的培养，再到小组及整体的相互沟通和连接，把基本功训练按照三个层次递进的指导模式，符合足球训练所需要遵循的各种基本规律，也完全可以成为教练员有效指导训练实践的重要指导模式。

3．训练中指导模式

足球强队的训练都十分强调要更多地在队员训练中进行训练指导，而尽可能地减少叫停次数。训练中的指导模式是指在不叫停训练的情况下，对训练出现的问题及主要责任人做出判断，再根据判断与队员进行沟通及做出各种指令的指导方法。这是一种需要每一个教练员都重视和积极采用的指导模式，就是在不打断训练的情况下完成训练指导及使出现的训练问题得到解决。高质量的足球训练有运动量和训练密度的要求，一般一个20~25分钟的训练内容最好不要超过三次的训练叫停，训练叫停一旦频繁就必然影响训练密度和训练效果。训练叫停最好是在出现典型技术问题的时候，教练员叫停之时肯定是出于解决问题和提高训练质量的目的，但叫停时机和次数一旦把握不好往往会适得其反。因为比赛过程是连贯的，训练频繁叫停就会影响和打乱训练应有的节奏和连贯性，而且队员的训练情绪和积极性也会因此受到影响。所以教练员要尽可能减少训练叫停次数，更多地采用在训练中指导的方法。训练中指导模式的运用教练员通常需要注意两点：第一，教练员能够很好地控制训练过程及对出现的问题有预知和预判；第二，教练员要与队员有高度的默契，能够用简明的提示、命令、呼喊、手势及表情等向队员传递信息和表达意图。

4．训练指导的强化模式

足球训练指导是为了促进和强化队员的认识转变和技术能力的提高，训练指导往往是有针对性地面对某一个问题，而要达到训练指导的良好效果，不仅仅是让队员明白道理和原因，而是要使队员接下来有思想意识上和行动上的改变。能够促进队员发生改变的关键点是指导过程中的强化，这一点正是我们教练员训练指导时所缺乏的。我们的训练指导的主要目的是让队员明白训练出现的问题及其原因，往往刚刚好在此时即终止指导而继续无关指导的训练。此时队员只是明白了教练员指出的问题及其要求，看似达到了指导的目的，但实际上缺少对问题的消化和对队员强化的环节。在训练指导中最具有强化作用的是队员自己现场设计解决问题的方案，再在比赛场景通过实操强化意识和提高技术。训练指导的强化模式是需要提倡的，就是让队员自己设计解决问题的方案并通过实操体验方案的正误与可行性。

5. 典型训练指导的程序模式

典型训练指导是指从训练叫停开始的一次完整的训练指导过程。足球训练指导有各种不同的指导模式，包括前文所述指导方法分类的每一类或每一类中的某一个内容，都可以构成一个训练指导模式。这里所说的典型训练指导的程序模式，是指一次训练叫停之后完整训练指导过程的基本构成。我们把这一典型训练指导的程序模式称为六段模式，即简式为"训练叫停切入—提问启发引导—队员探讨答问—教练讲解示范—队员设计方案—队员实操强化"。之所以把这个完整过程的训练指导模式放在其他几个模式之后，就是要借助对前边各个指导模式的认知基础，更利于理解这一完整的典型程序模式。一个典型训练指导模式是指在一次训练课的一个训练内容范围，但后续训练内容的指导一般会连带前一项的训练内容，而最后比赛训练部分的指导会综合体现训练课全过程的内容。这里需要重点解释一下典型模式中"训练叫停切入"的第一个环节，训练叫停是考察教练员业务素养的重要环节，因为训练叫停涉及教练员对训练内容的把握，以及切入问题与训练中其他问题的关系，可以通过对叫停的问题重要程度、切入时机及问题暴露的火候等，评价教练员判断的准确和自信程度，可以通过对焦点队员及主要相关队员的把握，评价教练员的观察视野和重点等。所以训练叫停是一次典型训练指导能否成功的重要开始，在很大程度上决定着教练员一次训练指导的效果和质量。典型训练指导程序模式的其他环节在前边训练指导模式及相关内容阐述中已经做了解释和说明。

第二节　足球训练要求

训练要求作为足球训练课的一个要素，主要是针对训练课的某一项训练内容而提出的一些标准和限定，是队员完成训练内容的保障。教练员训练布置及训练中所有指导方法运用主要是为了使队员达到训练要求，及完成训练要求对应的训练内容。训练要使队员达到预期目标及其对应的准确，必须通过提出各种训练要求激发队员的潜能，及强化队员按照一定的标准掌握技术技能及完成训练任务。以下探讨主要包括两个主题，其一是训练要求及其对训练的强化作用，其二是训练要求的强化原理与实践应用。

一、训练要求及其对训练的强化作用

训练要求对于足球训练的作用一直备受广大教练员的重视，训练要求陈述得是否贴切及其应用是否恰当和及时，是训练课各项训练内容能否顺利完成的关键和保障。训练要求反映的是教练员的主观意志，其强化作用在于教练员目标和意志要高于队员现实的状态。以下探讨包括三个问题，即训练要求的概念与解读、训练要求与其他训练课要素的关系及训练要求对于训练的强化作用。

（一）训练要求的概念与解读

训练要求是专指教练员根据足球训练课完成各项训练内容的需要而对队员训练表现所提出的诸多规格和规范上的标准和限定，这些标准和限定的核心是技术方面，也包括训练态度和纪律表现方面的内容。训练要求都是专门对应训练课某一项训练内容而提出的，是训练课设计必不可少的构成因素，其标准和规范是按照教练员的主观意志提出的，所以是带有强化性的为了达到训练目标所设定的文字阐述。有关训练要求很多前辈做过经验总结，例如："训练要求是足球训练课诸多要素中与训练质量关系最密切的要素""训练要求及其落实情况是决定一次足球训练课成功与否的决定性因素""足球训练方法是易于学习和掌握的表层内容，而考察教练员素质的关键点是如何驾驭训练要求"。以上这些观点是人们长期训练实践的经验概括，也说明训练要求一直以来是大家关注的焦点。但是我们以往对训练要求问题的认知存在不足和局限，在很大程度上存在着认识上的狭隘和片面，把训练要求更多地限定在对训练方法的驾驭及实现训练目标的范畴。目前所有的教练员培训仍然重视训练设计中训练要求的内容和提法，训练要求作为一个重要的概念和术语需要我们对其有一个全面和深入的认识。训练要求与整体的足球训练理论有着必然的关联，训练要求是由足球概念推导而衍生的居于理论体系末端的理论问题，而且训练要求是在足球训练一系列基本概念和基本理念的辐射范围；训练要求是作为队员完成训练内容带有指向性的强化因素，与其他诸多的训练课要素有着高度密切的关系，是对训练质量具有某种决定性作用的训练课要素。

（二）训练要求与其他训练课要素的关系

在训练要求与其他训练课要素的关系中，首先要强调训练主题是训练课及训练课诸多要素的核心和主导，这是我们探讨训练要求与其他训练课要素的关系所要明确的。其次训练要求是从其他训练课要素中提炼出来的"再衍生"要素，训练要求需要经过对其他要素的加工和再次提炼而生成新的训练课要素。所以训练要求也不是独立的训练课要素，需要依附于其他要素而存在，任何一个训练课要素及细分要素都可以加工和提炼为训练要求。只是训练要求是立足于对队员的作用和影响，是把其他训练课要素加工成某些训练标准和规格，是训练课诸多要素中对队员有制约作用的强化性要素。训练课的各种非物化要素和物化要素各自对训练课发挥着不同的作用，并共同支撑起对训练课的设计及训练实施。其中的训练要点与训练要求是容易被混淆的两个要素，两者都对训练课某一项训练内容具有制约和强化作用，需要对两者不同的寓意和作用加以区分和说明。训练要点作为训练课的关键要素，主要是针对教练员提出的，是从教练员控制训练效果的需要出发，把教练员需要注意并对训练具有关键作用的因素提炼出来；训练要求是训练课具有指向作用的强化要素，主要是针对队员提出的，是教练员按照个人的主观意志对队员提出的所要达到的标准和规范。

本著之所以把"足球训练主题与要点"和"足球训练指导与要求"作为两章内容的标题，是因为其中的四项训练课非物化要素在足球理论体系中具有独立性和重要意义。而且此外的训练课要素已经在其他问题的探讨中做了较多的阐述，例如：训练目标与训练主题是有很大的关联性和依附关系；主题部分的各项训练内容与训练"五段模式"是统一的关系；训练组织与方法可以归在足球训练方法演绎的范畴；训练强度与运动量可以归在训练要求或体能训练的范畴等。训练课不同的训练内容会有不同的训练要求，即便是相同的训练内容也会因为训练对象、训练目的、方法采用和教练员预期的不同而提出不同的要求，而且训练要求需要在训练过程中做出随机应变的处理，提出训练要求是为实现训练目标服务的，训练要求更突出的特点是具有灵活性和机动性。

（三）训练要求对于训练的强化作用

训练要求是足球训练课诸多要素中最活跃的要素，与每一个训练课要素都有着密切的关系。仅就与各种非物化要素的关系，训练课的各项训练内容设计是围绕训练主题"降阶式"展开的，完成每一项训练内容都要提出几项训练要求。训练要求是教练员根据完成训练内容而提出的期望达到的标准和规范，其主要作用在于引导和强化。训练要求是间接地与训练主题及训练课整体目标相关联，直接与具体训练内容的组织、方法、要点及训练的强度、密度、技术练习次数等每一项其他要素相互作用，但训练要求的主要作用是对队员的训练表现起到引导、约束和强化的作用。训练课的每一个训练内容都是通过几个训练要求共同作用而显现效果的，训练要求对于完成训练主题及实现每一项训练内容的目标具有其他要素无法替代的作用。具体训练要求有着宽泛和分散的内容，训练课其他的每一项要素的任何一个细节都可以作为训练要求的内容，无论是物化要素的场地设计、人员分组、器材摆放，还是非物化要素的训练组织、方法、要点、指导，及其再细分和具体的训练细节和环节，都可以从中提炼出教练员所需要的训练要求。但关键是落脚点一定要对队员起到约束和强化的作用，而提出怎样的训练要求主要取决于教练员的主观意志，所以教练员的业务能力和认知水平是最后能否取得训练成效的决定性支撑。

二、训练要求的强化原理与实践应用

教练员完成任何一项训练内容都需要向队员提出一些训练要求，训练要求是具有强化作用的促进队员所要达到的预期标准。为了更好地驾驭训练及促使队员按照一定的要求完成训练，教练员需要了解训练要求具有训练强化作用的原理，及如何利用训练要求的强化作用达到的预期目标。以下探讨包括两个问题，其一是训练要求的强化原理，其二是训练要求的实践应用。

（一）训练要求的强化原理

了解训练要求对队员起到训练强化作用的原理，利于帮助教练员更为恰当和合理地提出有针对性的训练要求。训练课设计要围绕训练主题确定几项训练内容及其训练目标，教练员要按照个人预期对每一项训练内容提出诸多训练要求，训练要求是队员需要经过努力并克服困难才能达到的标准，是对队员完成训练内容具有强化作用的训练课要素。训练要求集中展现的是教练员对队员的种种个人意志，所以训练要求是由教练员意志决定的对队员起到强化作用的元素，也说明教练员素养和业务能力对于队员发展的重要性。教练员对队员的训练要求越是恰当，就证明教练员的训练安排越趋于合理，也间接说明了教练员的训练理念先进和业务素养较高。那么训练要求对训练的强化作用是基于什么原理呢？从心理学的角度分析，队员训练欲望的核心作用是提高自身竞技实力的内在动机，队员训练内在心理动机的激发与推动是强化作用的原点，队员其他的心理过程和心理品质都是心理动机的辅助因素。

队员内在心理动机的产生及其可持续动力的强弱是由多方面因素促成的，

包括队员个人成长环境与足球天赋、社会足球氛围、个人足球兴趣、足球训练的成功体验、足球队员价值的社会认可等，这些内在和外在因素的综合作用是队员产生动机及动力强弱的条件。从激发和强化队员心理动机的角度，足球教练员需要具备担当多重角色的综合素质，诸多条件因素既是队员产生内在动机的前提，又可以把那些条件因素转化成内在动力。教练员对队员及其训练动机的影响，需要通过各种渠道影响队员而形成正确的足球认知和价值观，要在队员成长过程中不断加强足球观教育，并能够在关键的节点上给予队员以鼓励、支持和帮助。但队员强烈心理动机的形成，还是要把各种内在和外在因素转化成内在动力。队员心理动机的内在因素包括个人现实的成就、发展的潜力、对足球职业的热爱、追求上进的品质、教练员评价、偶像作用因素及现实身价高低等，每个队员这些因素的伸缩性和可变性很大，其中教练员评价往往是重要和具有决定性作用的因素。

现在再探讨训练要求对于训练具有强化作用的动因，其关键在于训练要求是队员心理动机与诸多动机因素相连接的纽带，是能够激发队员训练动机的引发因子。训练要求能够对队员起到强化作用，就是因为能够唤醒和激活诸多训练动机因素。队员训练动机的激发和调动，离不开与宏观的社会环境及微观的队员心理需求的共同综合作用，但对队员训练动机激发最直接的因素还是足球训练自身，因为足球本身就是一个充满乐趣和激发队员去挑战的项目，训练过程本身可以有效地激发队员的动机。训练要求的提出重要的是抓住队员的问题和不足，是教练员能够帮助队员认识问题和找到解决问题的方法，其中的关键就是提出切实和合理的训练要求。也可以说提出合理的训练要求就抓住了解决问题的关键，这样也就容易调动队员训练的积极进取和努力追求的状态，这就是训练要求具有强化作用的原理与机制。有的教练员把每一个训练要求当作训练所要达到的一个小目标，每一个小目标都是走向成功需要通过的关口，也可以说训练要求是达到训练整体目标的必要环节。

（二）训练要求的实践应用

足球训练课教案的设计是由诸多训练课要素构成的，其中非物化要素居于主导和统治地位。教案上表述的主要是各项非物化训练课要素的内容，每一个教案的每一个要素在实践应用中都有不同的作用导向和发挥空间，整体上构成了训练实践过程的教案设计。训练课每一项训练内容的进展都是通过训练要求的落实，训练要求从条目排序到实践应用都与其他训练课要素密切关联，各条要求主要是由其他训练课要素提炼和加工而成，无论是非物化要素的训练主题、训练目标、训练各项内容、训练组织方法、训练要点、技术次数、运动量和训练强度等，还是物化要素的训练人数、训练场地、训练设施、训练器材等，都是提出训练要求的依据和素材来源。在此可以概括训练要求在实践应用中的特点如下：第一，训练要求是训练课非物化要素中最活跃的要素。不仅可以融入任何其他要素的内容，而且一条训练要求的阐述可以兼容几项要素的内容。第二，训练要求的涉及面广泛。训练要求所阐述的标准与规范可以包含每一个其他训练课要素，也包括训练课要素之外的素养和知识方面的内容。第三，训练要求的内容具有灵活性、随机性和可调性。所有训练要求都可以根据队员身体状态、训练效果及外界条件变化等而做取舍处理，训练要求不仅可以灵活地取舍，而且可以变更内容。第四，训练要求的约束和强化作用。这也是教案构成设计中赋予训练要求的职能，就是所提出的训练要求用词要与队员的情感和愿望产生联系，从而起到鼓舞和调动队员积极性的作用。考察一个教练员的阅历、经验和业务水平，很大程度上是看训练要求的阐述及其是否准确抓住了队员需要强化解决的关键问题。作为一个教练员只有清楚训练要求及其在实践应用中的特点，才能在实践应用中合理和巧妙地利用好训练要求。

训练课教案所呈现的训练要求的内容设计是其实践应用的预先构思，训练要求的内容并无绝对的标准，主要是教练员根据综合判断和对队员训练强化的切实需要而提出的。但关于训练要求的提法与内容阐述，人们还是总结和归纳出几条基本原则如下：第一，针对性和目的性原则。就是要找准和抓住问题的关键点，按照有效解决实际问题和实现训练目标的需要，确定队员训练中要注意的问题及其具体操作标准。第二，简约性和实用性原则。训练要求要使用精练和简捷的词汇和语句，尽可能使用术语，要以最直接、最简化的形式让队员领悟问题，及能够有效促进队员训练表现的改变。第三，合理性和科学性原则。要能够根据训练对象、训练内容及问题的关键等，提出适当和利于解决问题的要求，文字表述既要与先进训练理念的要求相一致，又要符合科学训练的原理。第四，伸缩性和可变性原则。因为每一项训练内容所要达到的训练目标往往难以准确把握，所以训练要求的标准也应当在适当的范围可高可低，罗列的训练要求条目的采纳可以适度增减及变化内容。

训练要求是一个涉及面广阔和内容宽泛的训练课要素，例如：一条训练要求可以涉及任何一个其他的训练课要素，而且有极大的变化和拓展空间。再如：训练要求可以取舍和改变条款的内容，还可以增补条目数量。又如：有时候训练要求不是明确表述在条目之内，而是在其他训练课要素中体现出来。所以上文的实践应用特点及一般应用原则并不能辐射指导所有的训练要求问题，很多是"隐形"在其他训练课要素中发挥训练要求的作用，以下以举例的方法分别介绍几种典型的"隐形"训练要求的情况。

1．利用训练方法制定临时规则体现训练要求

例如：四对四分组控传对抗训练规定一脚或两脚出球，可以强化练习队员观察和快速处理球的意识。再如：六对六小型比赛防守训练规定由攻转守后的防守队员必须反抢或回防盯人，可以强化提高队员的攻守转换意识。又如：八对八射门比赛训练规定罚球区内两脚射门的限制，可以强化队员的直接射门意识及第一脚完成摆脱的意识。

2．利用场地宽窄的形式变化体现训练要求

例如：五对五射门对抗训练缩短场地长度，可以增多队员的射门次数。再如：三对三分组突破训练加长场地的长度，可以增多队员突破的机会和增加突破的欲望。又如：四对四分组对抗训练有氧体能能力，可以适度加长和加宽场地范

围，促使队员增加跑动距离。

3．利用增加球门数量和位置变化体现训练要求

例如：六对六射门对抗训练增加一个球门，拓宽队员的观察视野和提高转移进攻的意识。再如：七对七射门对抗训练增加两个小球门，强化队员比赛过程的大局观意识。又如：二对二射门对抗训练增加一个球门，可以创造更多射门的可能及强化队员的灵活变向选择能力。

4．利用训练人数的变化体现训练要求

例如：减少进攻控球方人数的三对五控运摆脱对抗训练，可以强化队员的个人运球、控球摆脱与突破能力。再如：增加进攻人数的八对六控传对抗训练，可以增加传球次数及增加接应和观察意识。又如：相同场地大小条件下的人数变化，人数增加可以强化训练脚下技术和加快动作频率，人数较少可以增加跑动距离，达到训练体能的目的。

此外还有很多其他的"隐形"强化训练的方法，需要教练员在实践应用中不断总结和积累经验，例如：让前锋得分手调换位置打后卫，可以强化提高进攻队员的防守意识和能力。当然"隐形"的强化训练的运用，还是要从大局出发，全面和综合地考虑各种训练课要素的功能和作用，这样才能够达到整体训练效果的最优化。

第八章
训练课教案设计与实施

足球训练课教案是重要的指导训练实践的文件，是从整体计划到训练实施的最后一个计划环节，是对一次或几次训练课所做的方案设计，反映的是具体训练过程的内容及细节。训练课教案可以反映教练员的认知水平和业务素养，教案的训练目标确定、训练内容选择、组织分组、训练方法运用、训练要点设定、训练密度、训练强度等，能够综合地反映出教练员训练理念与方法，还可以反映教练员的训练思路和特点。

训练课教案设计又是足球训练方法学的内容，教案的训练主题虽然是具体和末端的训练问题，但围绕这些主题的训练设计也有其自身的系统性和完整性，训练课教案的构思与设计也是一个科学思维的过程，其中存在着教案结构的合理性及一系列的基本模式的问题。所以探讨足球训练课教案设计的问题，需要对教案结构及其原理做一个全面和系统的分析，要澄清训练课教案外围的影响要素及其各种关系，更要对训练主题部分的内在结构及其机理做深入的探讨。把训练课教案的各种外在影响因素和内部结构机理做统筹和优化处理，可以帮助大家更加合理地完成对训练课教案的设计及控制和把握好训练实施的过程。

第一节　足球训练课内外结构

足球训练课教案有着很多的与外部的联系和内在的相互关系，澄清这些内外联系和关系是做好训练课教案设计的重要前提，是我们需要重视的问题。训

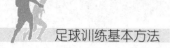

练课教案设计反映的是教练员的训练构思，是高效完成训练任务和保证实现训练目标的必要条件。以下探讨包括两个主题，其一是足球训练课的外部结构，其二是训练主题部分的内在结构。

一、足球训练课的外部结构

足球训练课的外部结构是从整体和外在形式上了解足球训练课的构成及其各种关系，是做好训练课教案设计所需要的重要知识准备。以下介绍足球训练课的外部结构，主要是从训练课各种组成的角度，了解训练课教案设计在训练中的地位及其重要性。以下探讨包括两个问题，即足球训练课的类型与结构和足球训练课的热身部分。

（一）足球训练课的类型与结构

1. 足球训练课的类型

足球训练课的类型主要是根据训练课的目的和训练内容而划分的，有时候也要考虑队员训练基础、成长阶段及其他要素而划分。训练课类型有各自不同的划分方法，即便是相同训练目的与内容也有不同的划分，例如：传统的足球训练课是按照训练内容分为技术训练课、战术训练课、体能训练课和综合训练课；还有根据训练内容的新旧分为学习新技术训练课、复习训练课和综合训练课等。足球训练课可以有很多不同的分类方法，但目前国际上流行和更实用的，是综合地依据训练课的目的和意义分为基础训练课、比赛训练课和调整训练课三种。

（1）基础训练课：是以足球技术、战术、体能和心理等各项基本比赛要素为主要内容及达到某种训练目的的训练课。基础训练课是打基础和为比赛做准备的训练课，是整体足球训练及具体训练课的主体和主要部分，足球训练计划及训练进度安排的内容主要是对应和安排在基础训练课里。一般一周除去一次调整训练课和一次比赛训练课之外都是基础训练课。本章"训练课教案设计与实施"及其所涉及足球训练课的结构及训练主题部分的内部结构等问题，主要是探讨基础训练课的问题。

（2）比赛训练课：是以比赛为核心和主要内容的足球课，一般是把一段时间诸多训练成果的累计通过比赛训练课进行阶段性的综合考证。比赛训练课一方面是对前一个阶段的训练做综合的总结，另一方面是检验队员综合能力和团队整体实力提升情况。一般一周最多安排一次比赛训练课，包括队内分队比赛、俱乐部内部同年龄组或跨组别的比赛、对外邀请赛等各种比赛对手。

（3）调整训练课：有时候也称游戏课，是以调节队员身体和心理状态为目的的训练课。调整训练课是要让队员对训练的压力和紧张感得到释放和缓冲，使队员在训练中感到心情愉快和放松，同时培养队员对训练的兴趣和积极性，营造良性团队氛围及促使团队凝聚力的形成，使每一个队员都热爱团队并使球队更具有长久和可持续发展的动力。一般一周或两周可以安排一次调整训练课。

以上三种训练课需要按照一定的比例做统筹安排，每一类训练课都有其各自的特点和作用，各种训练课的比例安排不合理，就会影响队员的成长和进步。

2．足球训练课的结构

足球训练课的结构是指从训练课的开始到结束按照人体机能和足球训练活动规律而设定的训练内容顺序和时间分配。其大体上包括热身部分、主题部分和结束部分。训练课都是按照三段结构进行设计和安排具体内容的，具体的训练课结构一定是围绕训练主题和训练目标的需要，安排训练内容与方法及其顺序和时间分配。以下对训练课结构中三个部分的功能、作用和时间安排做简要的介绍。

（1）热身部分：是一次训练课三个组成部分的开始部分，是围绕训练主题的需要和为了完成训练任务而做的铺垫，目的是能够让队员以饱满的热情和状态进入训练课的主题部分，同时也是为了避免训练过程中出现无谓的伤害事故。一般90分钟训练课最少需要15~20分钟的热身活动，热身时间可以根据季节和气温高低而做延长或缩短的处理。

（2）主题部分：是一次训练课三个组成部分的中间部分，是整个训练课的核心和主要内容。整个训练课是围绕主题部分进行的，训练内容安排要根据完成训练主题的需要，主题部分的目标就是实现整个训练课的目标。后文有训练课主题部分的详细阐述。

（3）结束部分：是一次训练课三个组成部分的最后部分，主要是通过小强度的活动及拉伸肌肉和放松整理，达到消除和缓冲疲劳的目的。拉伸是为了减少乳酸堆积和促进疲劳物质的排泄，另外还要对训练做总结。一般90分钟训练课需要10分钟左右的时间作为结束部分。

（二）足球训练课的热身部分

1．结合球练习可以达到热身目的

热身活动的目的有二：其一是保证以良好的身心状态进入训练课的主题部分；其二是避免训练中发生无谓的伤害事故。现今的足球训练热身更提倡围绕主题需要采用各种结合球的技术练习，即把热身活动当作基本技术练习的一部分。因为采用结合球的技术练习同样可以达到热身的目的，尤其是青少年训练的热身更要提倡结合球的方式方法，那种完全脱离球的热身应当被摒弃。热身采用速度较慢、难度较低和带有趣味性的结合球技术练习或游戏，在起到热身作用的同时，也起到复习技术和调动兴趣的作用。在产生热身效果之后可以适当增加技术练习的速度和强度，及穿插柔韧性、协调性、灵敏性及速度等素质练习，而且素质练习也可以采用结合球的方式，比如：加大幅度的技术练习可以提高柔韧性；"有样学样"模仿及其快速变化练习可以提高协调性；快速和复杂的脚下技术练习可以提高灵敏性；快速追球及运球比赛游戏可以练习速度等。当然，热身活动也可以采用一定比例和数量的不结合球内容。很多足球发达国家少儿训练的热身活动都是采用结合球的形式，因为这样符合孩子的心理需要，利于吸引队员兴趣和注意，能够调动练习的积极性，这是长期足球训练实践所总结出来的宝贵经验。另外，由于社会物质文明的进步，青少年的课余活动的选择多元化，这使得青少年参加足球训练的次数和时间大大减少，训练过程的每分每秒都显得弥足珍贵，很多不结合球的热身活动无异于浪费时间。

2．热身活动的内容、形式与注意事项

（1）热身活动的内容。

——慢跑、跳跃、各种移动、节拍操等热能和机能动员的内容；

——结合球技术练习的技术准备内容；

——专门安插在各种活动之间动态拉伸、快节奏踢摆等伤害预防内容；

——结合球和技术练习形式的游戏用于提高兴奋性和增加乐趣的内容；

——适应主题实战需要的针对性练习，如有快速、有强度、个性化和某些身体部位的专门练习内容。

（2）热身活动的形式。

——不结合球的形式：慢跑、各种移动、跳跃、节拍操、绕跨、拉伸、踢摆、冲跑、模仿练习等形式；

——结合球形式：所有简单易行的结合球技术练习形式；

——专门的器械练习形式：利用绳梯、标志杆、标志盘、标志桶、栏架、皮筋等形式。

（3）热身活动注意事项。

——从慢速的、移动性的活动开始；

——要更多地结合有球的技术练习和游戏；

——技术动作难度较低、简单而有效；

——简单易行的形式和组织安排；

——要有一定的侧重点和针对性；

——方法要多样多变并带有趣味性；

——营造适宜的环境和场景；

——不宜过多地干预和指导；

——要与训练课主题相适应和连接。

二、训练主题部分的内在结构

训练主题部分的内在结构主要是指足球基础训练课的训练主题，训练主题部分是训练课的核心和主体，是训练所要完成的主要内容和达到训练目标的依托。所以训练主题部分的内在结构形式及各种形式之间的关系，是做好训练设计的关键性认知问题。特别是现今先进的足球训练不断把新的概念和观点融入训练主题的结构设计之中，这些是需要我们深入认识的问题。以下探讨包括三个问题，即训练主题部分的三种结构模式、比赛导入训练模式的解读和比赛实战训练的解读与把控。

（一）训练主题部分的三种结构模式

训练主题部分是整个训练课的核心、主体和实质性的部分，系统足球训练的整体构成就是一个一个训练主题的累加，训练课是根据训练主题的设定而把相互关联、有序和目标一致的几个训练内容组合在一起。训练主题的目标是整个训练课的主要目标，一次训练课所要达到的预期目标一定是通过完成训练主题而实现的。训练主题部分是指训练课的去掉热身部分和结束部分的中间主干部分，训练主题部分大体上有三种结构模式，即层层递进模式、比赛中指导模式和比赛导入模式，以下分别简要介绍这三种结构模式。

1. 层层递进模式

层层递进模式就是传统足球训练课主题部分最普遍采用的训练结构形式，按照当今先进训练理念诠释是四段结构模式，即第一段技术准备训练→第二段战术准备训练→第三段比赛场景训练→第四段比赛实战训练，其中每一个阶段安排一个或两个训练内容。一般而言技术准备阶段是非对抗训练形式；战术准备阶段是对抗训练形式；比赛场景阶段是对抗训练形式；比赛实战阶段是在比赛对抗条件下的训练。这种由技术准备到比赛实战层层递进的四段结构模式，适合系统训练中完整表达训练主题的训练课，但并不是在任何时期及每一次训练课都要完整表现，例如：少儿初始阶段以掌握和改进技术为主的训练课，可以省略比赛实战的训练。再如：队员进入中级训练阶段之后，很多时候可以把技术准备和战术准备合二为一。又如：高水平的职业队训练，可以从比赛场景训练开始，之后直接进入比赛实战训练。

2．比赛中指导模式

比赛中指导模式就是足球训练课的主题部分完全以正式比赛形式进行训练，是在比赛训练中发现典型问题随机叫停，针对问题现场做纠正和指导，以利形成对比赛的统一认识和强化队员技能的改进和提高。比赛中指导模式一般适用于如下情况：其一，适合在经过一段时期训练末期的综合复习和总结性的训练；其二，适合赛前强化某些比赛环节和统一思想认识的训练。

3．比赛导入模式

比赛导入模式就是把比赛中指导模式和层层递进模式相结合而建立一种混合的结构形式。这种混合形式也称为"五段结构模式"，即第一段比赛演练→第二段技术准备训练→第三段战术准备训练→第四段比赛场景训练→第五段比赛实战训练。其中的比赛演练与比赛实战是完全相同的比赛形式，只是比赛演练的目的是发现典型问题及从比赛中发现问题再导入训练过程。比赛导入模式是1999年荷兰足协讲师团来中国做讲师培训时，推介给我国广大教练员的一种先进的训练思维模式，利于帮助教练员建立从比赛中截取训练素材的思维习惯。比赛导入模式一般适用于如下情况：其一，适用于有一定训练基础的青少年梯队及职业俱乐部球队；其二，适用于专门围绕某一比赛实战主题的训练课。

（二）比赛导入训练模式的解读

比赛导入模式的训练构思是采用"降阶式"的模式，设计构思是与真实训练过程的内容顺序呈相反的顺序。其是从比赛中截取素材之后，首先设计最后的比赛实战训练的内容，再依次由后向前推导设计比赛场景训练、战术准备训练及最后技术准备训练的内容。而实际训练过程的教案设计，则是依照比赛演练→技术准备→战术准备→比赛场景→比赛实战五段结构模式的顺序。比赛导

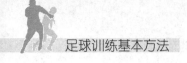

入模式的"降阶式"训练设计是先进的训练模式，高度符合以比赛实战为核心的理念，利于教练员正确训练思维的形成。这种围绕训练主题按照逆向顺序设计训练内容的比赛导入模式，不仅在形式上突出了比赛实战的核心地位，而且在实质上也促使教练员围绕最后的比赛实战设计教案。

比赛演练训练阶段：第一段的比赛演练与最后比赛实战的形式是相同的，但目的和要求不同，比赛演练主要为了了解和熟悉比赛训练的方法和规则，明确技术运用和战术配合的某些要点和要求，让队员了解自己某种能力的不足，以激发练习热情和积极性。

①比赛演练可叫停做讲解、示范及纠错，以形成对训练方法的清晰认识。

②注意整体时间和火候把握，避免时间过长造成队员兴奋度下降。

③抓住出现的典型问题烘托训练主题，达成对训练内容重要性的共识。

技术准备训练阶段：第二段的技术准备是根据比赛中存在的问题和不足及所设定的训练主题，为了达到适应比赛实战训练的要求，针对队员比赛中存在的不足，确定技术或战术练习的内容，通过反复纯技术练习和强化，达到技术动作质量的改进。

①侧重在技术要领与方法方面的纯技术性问题的解决。

②逐渐按照比赛实战的需要完成技术动作。

③适时、适当加入防守干扰、比赛对抗因素。

④避免时间过长、方法枯燥无味及技术过度重复。

战术准备训练阶段：第三段的战术准备是适当增加防守干扰和对抗，使训练变成带有实战对抗性的形式，但需要采用比比赛实战训练人数少和相对简化形式，促进队员的技术运用与比赛的战术运用相连接，能够在有防守干扰的对抗中完成学习的战术方法。

①核心目标是把技术运用转化成比赛实战中的战术运用技能。

②设定不同的进攻或防守人数降低完成技术的难度及利用规则强化完成战术。

③战术准备训练是以适应最后的比赛实战训练为目的的过渡。

④技术准备和战术准备不宜时间过长和体能消耗过大而影响比赛实战训练。

比赛场景训练阶段：第四段的比赛场景训练是对比赛实战环境的适应训练，是为了更好地向比赛实战过渡。训练场地环境需要与比赛实战相近似及设计某些特定的情境，可以起到适应比赛实战的效果，比赛场景训练是针对某些或某个比赛的真实需要而设计的。

①比赛场景训练是为了更好地适应比赛条件下的某些或某个特殊的需要。

②要根据比赛实战训练的需要设计场地空间大小及出现必要的比赛场景。

③通过特定的场景训练可以达成某种或某些比赛技能或战术能力的提高。

④比赛场景训练也是战术准备训练，是更接近比赛实战的战术训练。

比赛实战训练阶段：第五段的比赛实战是训练主题部分的最后一个核心训练内容，也是整个训练课的核心内容，是训练课整体训练效果的综合和集中体现，是完成一次训练课画龙点睛的部分，其设定的目标即是一次训练课的主要训练目标。

①要使队员有良好的兴奋状态，激励队员全身心地投入对抗和比赛。

②要有严格的时间限定，可以制定特定的计分和决胜规则并注意细节。

③达到或接近正式比赛的激烈程度是关键，避免进入追求完美效果的误区。

④教练员可以下达必要的口令或提示，但尽可能不叫停。

⑤灵活运用各种激励和调剂手段，但业务手段是第一重要的。

（三）比赛实战训练的解读与把控

训练主题部分的比赛实战训练是一次训练课的核心环节，是训练课全部内容的综合和集中体现，只有做好这一点睛之笔的把控，才有可能达到训练课的最佳效果。比赛实战训练要以训练是否达到正式比赛的激烈程度为标准，要以队员全力以赴地投入进攻和防守及达到真正比赛强度为准绳，要在这样的标准下再考虑实战训练的内容和细节问题。比赛实战训练达到或接近正式比赛的对抗程度，是培养队员比赛能力的必要前提条件，实战训练切忌追求场面的精彩却华而不实。比赛实战训练并不追求技战术达到很高的水准，而是要让队员在比赛强度下找到差距和问题，从而利于正式比赛中得到最充分的发挥。教练员对比赛实战训练的控制，需要做好科学的设计和队员的体力调配，要有效地激励队员、控制好训练时间及有序组织训练，要能够调动和挖掘队员的潜能。其中达到比赛强度和激烈程度的关键是训练时要保证队员体力的充沛，训练过程中一旦队员的体能不足或出现疲劳，训练强度和激烈程度就会降低，而这样的训练就会影响训练效果，也会使队员养成不良习惯。训练时间与间歇时间的控制是保证比赛实战训练强度的关键要素。教练员还要遵循一些一般性的训练规律和原则，比如：一般在启蒙阶段和初级阶段，技术准备的时间比例最大，比赛演练的时间较长，而比赛实战的时间比例较小；随着技术水平和实战能力的提高，比赛实战的比例要逐渐增大；到了高水平职业阶段则必然缩短技术准备的时间和简化技能转化的过程，要有足够的比赛实战的时间。很多的细节问题还需要在反复的训练中不断总结。

（1）比赛实战训练的训练时间与间歇时间的比例，要根据不同年龄、不同训练水平、不同训练目标、不同训练时期、不同训练条件等进行不同的安排。

（2）不论是处于哪个成长阶段或训练水平，比赛实战训练在贯彻一种新战术思想与技术要求时，都要增加技术准备和实战演练的时间，而相对减小比赛实战阶段的时间比例，反之则可以增大比赛实战阶段的比例。

（3）处于赛前训练阶段的时候，队员体能和球队整体的状态处于较高的水平，也是为了适应比赛的需要，必然要增加比赛实战时间，而缩短训练间歇的时间。

第二节　训练课教案设计与实施

日本足协制定的可操作性青少年足球训练大纲是具体到每一次训练课的教案设计，是一套从大纲总纲到每个阶段的进度再到每一次训练课教案的完整体系。关于足球训练课教案的设计，每个国家和地区都有着不同的风格和特点，每一个俱乐部及每一个教练员个体都会有个性化的格式和模板，但不管怎样，所有训练课教案的基本要素是趋同的，教练员每一次训练课的组织与实施也都要依据教案的设计。关于足球训练课教案设计的探讨，以下分足球训练课要素和训练课教案设计与实施两个主题。

一、足球训练课要素

足球训练首先是从比赛实战中截取训练素材，再把训练素材加工成训练课所需的诸多要素。前文已经有很多关于训练课要素的解读和阐述，训练课教案的设计就是要把诸多的训练课要素做合理的搭配和组合，形成训练课教案的架构，具体的训练课教案就是按照架构陈述各项要素的具体内容。以下探讨分两个问题，即足球训练课的要素构成和足球训练课的要素重组。

（一）足球训练课的要素构成

足球训练课要素可以分为非物化要素和物化要素两大类，这两方面要素可以建立起完整的足球训练课的要素构成。组织足球训练和进行训练课教案设计必须要清楚训练课要素有哪些内容，足球训练课的每一个要素对训练都有着不同的作用和影响，要保证训练课的质量就一定要充分重视每一个要素。训练课要素除了训练场地、队员人数、器材设备和训练装备等物化要素之外，就是诸多足球训练及其训练课教案设计必须考虑的非物化要素，这些非物化要素需要从比赛实战中截取素材或从其他渠道获取素材，再把素材改造和加工成所需要的训练课要素，非物化要素又称足球训练课内容。足球训练课的要素构成见图8-1。

图8-1　足球训练课要素构成

（二）足球训练课的要素重组

足球训练课的要素重组与训练课教案的格式设计密切相关，要素重组需要按照设定的教案格式组成新的要素构成，并且新的要素构成要符合训练过程先后顺序的编排，教案格式就是把诸多的训练课要素合理和优化地组合起来。任何训练课教案中显现的训练课要素都是一组一组地排列，形成一体、直观和清晰的表格形式。相应按照教案格式设计所呈现的要素组合就构成了训练课内容的框架，见图8-2。

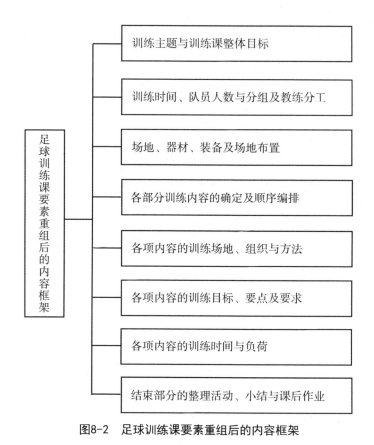

图8-2 足球训练课要素重组后的内容框架

二、训练课教案设计与实施

　　足球训练课教案是按照一定格式呈现的，是把训练课要素重新组合并按照顺序体现在教案格式上。完成训练课教案的设计，还需要把每一个训练课要素作为一个小主题，陈述和说明每一个要素的具体内容。表8-1是启蒙阶段U6组幼儿园中班上学期第一次训练课采用层层递进四段模式的案例，采用何种训练课模式需要根据队员基础和教练员个人习惯而定。以下结合教案设计的案例探讨三个问题，即训练课教案的整体架构、主题部分两个要素组的解读和训练课教案的设计流程与实施评价。

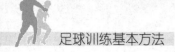

（一）训练课教案的整体架构

教案一般是指教练员根据训练进度计划与实际的训练条件所做的对一次训练课的整体设计和实施方案，是教练员圆满完成训练任务所需要做的准备工作。教案体现的是教练员对一次训练课的基本构思，根据个人喜好和习惯的不同，教案可以采用不同的模板，不必追求形式的统一。但教案的结构程序和大体的内容框架是趋同的，为了减少不必要的重复劳作，一般是把训练课教案设计成固定的格式。不管采用何种教案格式，一般教案在整体框架上应当由前到后包括如下内容：训练主题与训练课整体目标；训练时间、队员人数与分组及教练分工；场地、器材、装备及场地布置；各项训练内容的确定及顺序编排；各项内容的训练场地、组织与方法；各项内容的训练目标、要点及要求；各项内容的训练时间与负荷；结束部分的整理活动、小结与课后作业。表8-1是启蒙阶段U6组幼儿园中班上学期第一次训练课教案，结合图示对教案的整体架构做简要说明如下：教案表格的第一格注明训练的具体时间及参加训练人数与分组的情况；第二格阐述训练主题和整体训练目标；第三格是训练所需场地、器材和装备的标注；第四格是各项主要内容的阐述和排序；最后一格是训练课结束部分，是做放松整理活动、训练小节及布置课后作业。教案格式中间的主体部分是各项主要训练内容，分成左右两栏，各有一个要素组的组合：左栏是"各项内容的训练场地、组织与方法"要素组，是结合图形阐述各项训练内容的三个要素内容；右栏是"各项内容的训练目标、要点及要求"要素组，也是分别阐述各项训练内容的三个要素内容。

表8-1　启蒙阶段U6组幼儿园中班上学期第一次训练课

年级和人数：幼儿园中班12人分2组　时间：2016年9月8日15:00~16:00　教练：刘夫力
主题：二人制空当运球、摆脱射门比赛游戏 目标：体验比赛及能够初步利用空当运球和摆脱射门；每人都感到踢足球快乐和有趣
场地和器材：五人场；标盘14片；锥桶15支；标杆10支；三号球13个；分队服黄红各8件
技术：脚背内侧运球，内挡；战术：空当运球，摆脱射门；知识：射进门得分，球出界暂停

热身：左右脚背内侧运球、内挡及听令踩挡游戏（15分钟）

| 场地（见下图）：15米×10米范围，队员活动区域
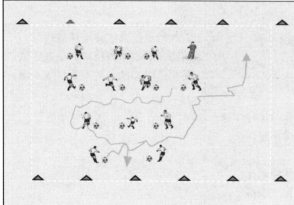
组织：
1.全体每人一球自由散开，教练示范队员模仿运、挡；
2.教练中间叫停、提问、示范、指导及穿插拉伸、踢摆。
方法：
1.模仿教练做脚背内侧运球、左右脚运球内挡、拖踩；
2.听令踩挡游戏（或安排运球穿越游戏）。 | 目标：
1.初步掌握脚脚背内侧运球技术；
2.以饱满状态进入主题部分训练。
要点：
1.拉手围拢互相介绍、引导兴趣；
2.多示范，不讲解，大声说好、漂亮、看谁更好等；
3.关注、鼓励每一个学员；
4.技术要点是抬头观察、利用空当。

要求：
1.看教练技术动作，认真模仿；
2.积极表现自己，敢于比试高低；
3.听令游戏中争取少犯错误。 |

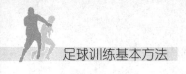

技术：左右脚脚背内侧运球、快运穿越比快游戏（15分钟）	
场地（见下图）：20米×10米范围，标明线路和目标  组织： 1.全体分成2个6人组，每人一球，模仿练习运球穿越； 2.中间叫停、提问、示范、指导及做运球穿越比快。 方法： 1.两两交替做快运运穿，一步一运，运球穿越比快； 2.两人一组运球运穿接力（穿插动态拉伸、踢摆）。	目标： 1.完成左右脚快运及穿越目标； 2.在有压力下完成脚背内侧运球。 要点： 1.布置好场地，讲清每人一个"空"及做抢空游戏； 2.多示范、表扬和鼓励，少讲解； 3.耐心示范和讲解游戏方法； 4.提示抬头观察和运球方向正确。 要求： 1.看教练示范及注意运球的线路； 2.用脚完成运球和挡球，积极尝试； 3.互相鼓励加油，胜不骄、败不馁。

续表

战术：运球挡球绕障碍后摆脱射门循环练习游戏（15分钟）	
场地（见下图）：20米×18米范围，中间设障	目标：
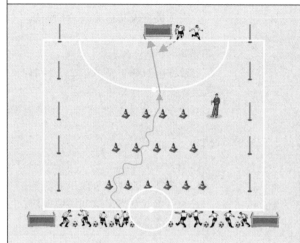	1.建立面对防守摆脱射门的意识；
	2.提高运球球感及摆脱射门能力；
	3.尝试摆脱射门及体验成功快乐。
	要点：
	1.做完整示范让学员清楚全过程；
	2.示范射门失败及与守门员互换；
	3.让多数队员成功和多鼓励队员。
	要求：
	1.看教练的示范，明白成功或失败；
	2.要有运球速度，不怕失败；
	3.积极投入练习并争取射门得分；
	4.给同伴鼓掌加油，争取团队获胜。
组织：全体分成两个6人组，各组为1~6号，教练示范、指导、队员试练；两组交替按序号练习，各组设一守门。 方法： 1.运绕摆脱摆脱射门，射门不入换做守门； 2.两组运球绕障射门比赛游戏。	

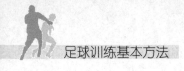

续表

比赛：二人制空当运球和摆脱射门比赛游戏（15分钟）	
场地（见下图）：20米×36米范围，两长端各设球门	目标： 1.队员都体验空当运球和摆脱射门； 2.使队员有成功体验及感到快乐。 要点： 1.做好组织分工及各组实力均衡； 2.降低难度让易于成功； 3.注意对整体的控制和比赛场地不间断地使用。 要求： 1.积极投入比赛，争取得分获胜； 2.主动尝试空当运球和摆脱射门； 3.练习交换时退场和上场要迅速。
组织：全体分成2个6人组，各组再分成3个2人组；打6场2分钟二人制比赛，采用组间对抗及交叉换组，最后算总分。 方法： 1.教练示范空当运球、摆脱射门及队员试练； 2.二人制比赛2分钟一节、定时换组。	
结束部分：	

（二）主体部分两个要素组的解读

1."各项内容的训练场地、组织与方法"

教案主体部分左栏是各项训练内容的"训练场地、组织与方法"三个要素，各项训练内容是围绕训练主题的需要而确定的，对应的是进度计划编排的内容。教案主体部分按照层层递进"技术准备→战术准备→比赛实战"的三段结构模式。训练场地是结合绘图阐述场地范围、标志摆放和队员分布等；训练组织阐述训练的队员人数与分组、初始站位、集队地点与次数、讲解示范的内容与时机、指导与纠错的方式方法等；训练方法阐述练习的移动路线与顺序、技术方法与速度、技术的细节变换及练习方法的拓展等。

2."各项内容的训练目标、要点与要求"

教案主体部分右栏是各项训练内容的"训练目标、要点与要求"三个要素，训练目标主要阐述训练内容所要达到的2~3个目标，包括心理和体能等方面的目标及特殊的个人或部分人要达到的目标；训练要点主要从教练员角度阐述控制这项训练内容的关键点，也包括技术和战术运用方面的要点，还包括调动队员积极性和团队气氛方法的关键点，一般罗列2~4条；训练要求主要阐述对队员技术、战术和体能表现的标准，包括技术动作规格和速度、技术衔接连贯性及实战适用性等方面的表现，也包括训练的态度和纪律方面的表现等。"训练目标、要点与要求"三个要素，大体上是一个从宏观到微观、从整体到具体及从高层次到低层次的顺序，是一个层次化和逐渐细化的目标体系。欧美国家的很多讲师、教练员并没有这种多层次的设计，教案反映的是每个人对训练的设计构思，训练的目标、要点与要求等实际上并没有严格的分界，训练中可能会出现难于左右的情况，但不管怎样，这种细致的层次划分是训练工作细化的要求。

（三）训练课教案的设计流程与实施评价

1．训练课教案的设计流程

足球训练课的教案设计实际上与前文阐述的训练取材、训练构思、训练比赛导入模式等在思路上是一致的，也与足球训练基本模式、基本理念、基本概念及足球本质等都是一致的，一个优秀的训练课教案设计一定与先进的足球理念是统一的。所以我们训练中内容和方法上的细节都渗透着训练思想与理念的问题，

"细节决定成败"的名言在足球训练上也是适用的，我们长期从事训练工作必须重视对每一个细节的把握，每一个细节问题的处理都存在着认识深浅及方法正误的问题。完善的足球训练课教案的设计过程，一定是一个理性思维与构思的过程，以下向大家介绍一个完整的训练课教案的设计流程，见图8-3。

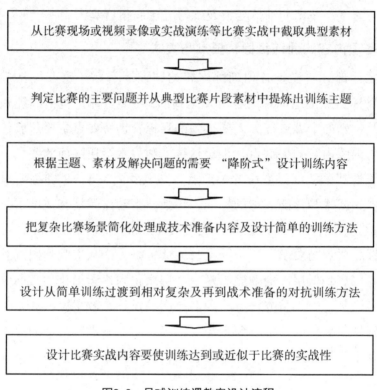

从比赛现场或视频录像或实战演练等比赛实战中截取典型素材

判定比赛的主要问题并从典型比赛片段素材中提炼出训练主题

根据主题、素材及解决问题的需要 "降阶式"设计训练内容

把复杂比赛场景简化处理成技术准备内容及设计简单的训练方法

设计从简单训练过渡到相对复杂及再到战术准备的对抗训练方法

设计比赛实战内容要使训练达到或近似于比赛的实战性

图8-3 足球训练课教案设计流程

2．训练课教案的实施评价

本著所有理论问题的探讨都要回归于训练实施的过程，理论研究与提高认识最终是为了指导实践，在此我们也把"训练课教案的实施评价"作为全著的结尾。目前国际上所有的教练员等级培训考核，都是把教练员的执教能力考核作为主要内容，教练员执教能力考核的内容是基本一致的，也完全可以作为训练课教案实施的评价内容。教练员执教能力评价要从多个角度和多个方面进行

综合判断，一般主要是从以下四个方面的外在表现进行评分及得出评价结果。

（1）外在气质。

①仪表与风范，包括服装、举止、表情、自信、语言口令、选位站位等。

②热情与态度，包括训练投入、专注度、声音、叫停、手势、跑动跑位等。

③激励与感染力，包括对队员的调动、表扬与鼓励、问题处理、交流、气氛控制等。

（2）组织设计。

①场地、器材使用与队员安排，包括场地利用、标志物摆放、每个队员的任务布置等。

②符合比赛需要，包括取材于比赛实战、技术要求与改进效果、训练与比赛真实感等。

③方法变换和重组，包括练习方法合理编排、方法适合主题、训练及重组的效果。

（3）观察指导。

①问题与错误的发现，包括对问题与错误的判断、切入时机及目标队员等。

②问题与错误的处理，包括对问题与错误的要点诊断、关键点纠正及指导方法等。

③练习的变换与进展，包括训练内容变换的时机、前后衔接及依据队员的具体状态而灵活把握情况等。

（4）沟通互动。

①训练主题，包括自己对主题的认识和理解程度及向队员的传递方式与效果等。

②动作示范的使用，包括动作示范的正确性、及时性、针对性及方法的合理性等。

③沟通交流效果，包括交流方式、语言表述及队员的思考、投入与表达情况等。